QUAND LA MORT EST TRAUMATIQUE

Catalogage avant publication de Bibliothèque et Archives nationales du Québec et Bibliothèque et Archives Canada

Brillon, Pascale, 1969-

    Quand la mort est traumatique

    (Collection Psychologie)

    ISBN 978-2-7640-1893-4

    1. Deuil – Aspect psychologique. 2. Mort subite – Aspect psychologique. 3. Travail de deuil. 4. Personnes endeuillées – Psychologie. I. Titre. II. Collection : Collection Psychologie (Éditions Québecor).

BF575.G7B74 2012   155.9'37   C2012-941851-X

Dépôt légal : 2012
Bibliothèque et Archives nationales du Québec

Pour en savoir davantage sur nos publications, visitez notre site : **www.quebecoreditions.com**

Éditeur : Jacques Simard
Conception de la couverture : Bernard Langlois
Illustration de la couverture : Istockphoto
Conception graphique : Sandra Laforest
Infographie : Claude Bergeron

Imprimé au Canada

Gouvernement du Québec – Programme de crédit d'impôt pour l'édition de livres – Gestion SODEC.

L'Éditeur bénéficie du soutien de la Société de développement des entreprises culturelles du Québec pour son programme d'édition.

Nous reconnaissons l'aide financière du gouvernement du Canada par l'entremise du Fonds du livre du Canada pour nos activités d'édition.

DISTRIBUTEURS EXCLUSIFS :

- Pour le Canada et les États-Unis :
  MESSAGERIES ADP*
  2315, rue de la Province
  Longueuil, Québec J4G 1G4
  Tél. : (450) 640-1237
  Télécopieur : (450) 674-6237
  * une division du Groupe Sogides inc.,
  filiale du Groupe Livre Québecor Média inc.

- Pour la France et les autres pays :
  INTERFORUM editis
  Immeuble Paryseine, 3, Allée de la Seine
  94854 Ivry CEDEX
  Tél. : 33 (0) 4 49 59 11 56/91
  Télécopieur : 33 (0) 1 49 59 11 33

  Service commande France Métropolitaine
  Tél. : 33 (0) 2 38 32 71 00
  Télécopieur : 33 (0) 2 38 32 71 28
  Internet : www.interforum.fr

  Service commandes Export – DOM-TOM
  Télécopieur : 33 (0) 2 38 32 78 86
  Internet : www.interforum.fr
  Courriel : cdes-export@interforum.fr

- Pour la Suisse :
  INTERFORUM editis SUISSE
  Case postale 69 – CH 1701 Fribourg
  – Suisse
  Tél. : 41 (0) 26 460 80 60
  Télécopieur : 41 (0) 26 460 80 68
  Internet : www.interforumsuisse.ch
  Courriel : office@interforumsuisse.ch

  Distributeur : OLF S.A.
  ZI. 3, Corminboeuf
  Case postale 1061 – CH 1701 Fribourg
  – Suisse

  Commandes : Tél. : 41 (0) 26 467 53 33
  Télécopieur : 41 (0) 26 467 54 66
  Internet : www.olf.ch
  Courriel : information@olf.ch

- Pour la Belgique et le Luxembourg :
  INTERFORUM BENELUX S.A.
  Fond Jean-Pâques, 6
  B-1348 Louvain-La-Neuve
  Tél. : 00 32 10 42 03 20
  Télécopieur : 00 32 10 41 20 24

Pascale Brillon, Ph. D.

QUAND LA MORT EST TRAUMATIQUE

PASSER DU CHOC
À LA SÉRÉNITÉ

LES ÉDITIONS
Québecor
Une société de Québecor Média

Quelques mots sur l'auteure

Pascale Brillon, Ph. D., est docteure en psychologie à la Clinique des troubles anxieux de l'Hôpital du Sacré-Cœur de Montréal et au Centre de médecine intégrée de Ville Saint-Laurent. Elle se spécialise dans le traitement du stress post-traumatique et du deuil traumatique. Dans le cadre de son travail de psychologue clinicienne, elle accompagne quotidiennement des endeuillés ayant vécu des pertes traumatiques douloureuses. À l'Hôpital du Sacré-Cœur de Montréal, elle est aussi chargée de la formation et de la supervision de psychologues au doctorat et de résidents en psychiatrie. De plus, la D[re] Brillon est régulièrement invitée à former des intervenants, des psychologues et des psychiatres dans la francophonie.

Elle a également publié *Se relever d'un traumatisme : Réapprendre à vivre et à faire confiance. Guide à l'intention des victimes* ainsi que *Comment aider les victimes souffrant de stress post-traumatique. Guide à l'intention des thérapeutes* aux Éditions Québecor.

À Jacques-Pierre,
mon grand-père ingénieur et pilote disparu en mer,
laissant une épouse et sept jeunes enfants dévastés,
et dont la perte se ressent plus de trois générations plus tard.

À Frédérique,
notre cocotte adorée,
petit miracle débarqué dans nos vies,
et dont la présence emplit de merveilles tout notre quotidien.

Remerciements

Mes remerciements reviennent tout d'abord aux endeuillés que j'ai eu le privilège d'accompagner sur la route douloureuse mais lumineuse du deuil. Merci à Joanne, Caroline, Guy, Maryse, Amélie, Stéphane, Diane, Geneviève, Louise, Patrick, Gilles, Anik, Julie, Stéphanie, Nathalie, Claude, et à tous les nombreux autres qui m'ont permis de faire partie de leur univers et dont j'admire tant la résilience.

Toute ma reconnaissance va à mes collègues de la Clinique des troubles anxieux de l'Hôpital du Sacré-Cœur de Montréal qui sont des sources quotidiennes d'émulation et de soutien : Pierre Savard, Julie Turcotte, Marc-André Bernard, Normand Lussier, Michel Dugas, Annie Taillon, Éric Bugeaud, Thu Van Dao, Joane Labrecque ainsi que Nicole Roberge. Je me sens choyée de travailler au sein d'une équipe où la compétence clinique côtoie une expertise de recherche de pointe tout en conservant une profonde empathie pour la souffrance des patients. Merci aussi à nos petits rayons de soleil du secrétariat qui égaient sans relâche (et avec tant de patience !) nos journées de travail : Chantal Gosselin, Josée Thibeault et Nathalie St-Amand. Toute ma reconnaissance va aussi à Gilles Fauvel, mon chef de service toujours soutenant, efficace et disponible. Merci également à Nathalie Quesnel, Teresa Pizzamiglio et toute la merveilleuse équipe du Centre de médecine intégrée pour nos discussions si pétillantes.

Comment assez remercier mes parents, puis Monique pour tout ce qu'ils m'ont donné et pour leur soutien inaltérable pour ce que je suis et pour ce que je fais. Qu'ils sachent qu'ils sont essentiels à mon équilibre et que je les aime profondément. Merci à ma chère sœur Laurence et sa famille pour leur inspiration au voyage, au bout de soi et au bout du monde. Il n'y a vraiment aucune entrave à nos rêves les plus fous.

Puis mes remerciements vont à Chantal, ainsi qu'à Claude et sa famille pour toute leur gentillesse à mon égard.

Que mes amies, si essentielles à mon âme et toujours présentes malgré ces (longues!) années, soient mille fois remerciées : Louise, Josée, Isabelle, Soledad, Nathalie, Anne, Marie-Claude et mes deux merveilleuses Dominique. Et que Mehdi, Serge et Emmanuel, mes frères de cœur, à défaut de sang, reçoivent mes plus tendres bisous.

Quant à Jean-François et Frédou, mes amours et mes sources inconditionnelles de soutien (et d'inspiration!), qu'ils sachent que je reconnais et que je savoure sans cesse le privilège qui m'est donné de les avoir dans ma vie. Merci, merci, merci, pour tout!

Enfin, mes plus douces pensées vont à des personnes disparues, chères à mon cœur, mais qui m'accompagnent dorénavant quotidiennement : Pauline qui a perdu son mari et le père de ses sept enfants à trente-neuf ans et dont je garde en moi la résilience et la foi ; Gaby, Louis, LaTarga et leur legs marocain et suisse qui ont tant contribué à ce que je suis ; Christophe qui nous a quittés si douloureusement ; et enfin Jean-Manu dont la mort tragique a été un si grand choc dans la vie de ma chère Caro.

À vous...

Chaque fois qu'une personne meurt,
c'est toute une bibliothèque qui brûle.

Proverbe africain

Si vous avez ce livre entre les mains, c'est que vous avez vécu la mort d'un être cher... et que le simple fait d'y repenser vous bouleverse.

Qu'est-ce qu'une mort traumatique? C'est la perte soudaine et déchirante d'une personne significative dans notre vie. C'est vivre une mort qui «*n'aurait pas dû avoir lieu*», qui «*aurait pu être évitée*», qui «*n'a aucun sens*», qui «*arrive beaucoup trop tôt*». Une mort qui est révoltante, injuste, et même qui peut être horrifiante. C'est la mort par suicide, par accident, par acte criminel; c'est la mort d'un enfant ou d'un adulte en santé. C'est la perte d'une personne centrale à notre bonheur, à notre sens, à notre identité.

Une telle perte induit beaucoup de souffrance. En effet, comment amorcer notre deuil alors que nous n'avons pas pu dire «Je t'aime» ou «Au revoir»? Comment vivre sereinement alors que la mort de l'être cher a été à l'opposé d'une mort paisible attendue? De la mort qu'il aurait méritée? Comment prendre plaisir à notre quotidien quand des images nous hantent? Comment retrouver goût à la vie quand elle nous a arraché ce que nous avions de plus précieux, de plus signifiant?

Notre douleur est si envahissante actuellement, pourrons-nous, un jour, ressentir de la légèreté?

Actuellement, notre réponse est non: «*Non, je ne serai jamais plus heureux, car la perte que j'ai vécue est irremplaçable*», «*Non, car mon manque est tellement submergeant que je ne peux que souffrir à partir de maintenant»*, «*Non, car je dois rester loyale à sa mémoire pour toujours*», «*Non, car, comme je suis responsable de sa mort, je n'ai pas le droit d'être bien*», ou alors: «*Non, car je ne pourrai jamais oublier ces images horribles qui me bouleversent*».

La plupart du temps, le deuil constitue une période douloureuse mais temporaire. Il nous permet de pleurer l'autre, de prendre pleinement conscience de son absence et de nous rappeler nos moments en sa compagnie. Il nous permet de faire nos adieux, il panse nos blessures et nous amène doucement vers une nouvelle vie sans cette personne. Il nous donne le droit d'être heureux de nouveau.

Cependant, quelquefois, notre deuil n'est pas transitoire: il s'impose, il prend toute la place, il se cristallise. Il n'est pas libérateur mais torturant. La mort s'incruste dans notre quotidien, dans notre âme.

Être en deuil devient notre nouvelle façon de vivre. Souffrir devient notre nouvelle façon d'être.

Je vous propose quelques chapitres pour vous accompagner dans ce moment douloureux de votre vie. Ils vous permettront peut-être de mieux vous comprendre, de mieux vous accueillir dans cette épreuve et peut-être de vous apaiser un peu. J'espère que vous y trouverez informations, réflexions et douceur et que cela pourra faciliter votre cheminement personnel.

Car malgré un tel choc, malgré une telle perte, la vie et la sérénité nous attendent...

Chapitre 1

Ma perte est traumatique

Mais elle était du monde, où les plus belles choses
Ont le pire destin ;
Et, rose, elle a vécu ce que vivent les roses,
L'espace d'un matin.

Consolation à M. du Périer sur la mort de sa fille
François de Malherbe (1555-1628)

J'ai perdu une personne centrale à mon bonheur

«La mort m'a arraché ce que j'avais de plus précieux au monde»; «Ce n'est pas seulement ma femme que j'ai perdue, mais aussi ma compagne de toujours, ma meilleure amie, ma maîtresse, ma confidente, la mère de mes enfants... J'ai l'impression que je ne pourrai jamais me relever de cette perte», «C'est lui qui donnait tout son sens à ma vie. Sans lui, je me sens tellement vide».

Nous sommes complètement sous le choc: la mort nous l'a enlevé. Lui! Elle! Cette personne, entre toutes les autres, qui était si importante à notre bonheur. Cette personne, tout particulièrement, qui donnait tout son sens à notre existence. C'est impossible! Cela nous coupe le souffle, cela nous coupe les ailes.

Nous avons l'impression que le vide est immense et ne pourra plus jamais être comblé. Nous avons perdu un compagnon[1], ou un confident,

---

1. Dans tout cet ouvrage, le masculin utilisé désigne aussi le féminin.

ou un amant, ou un meilleur ami, ou un parent; notre source d'inspiration, de sécurité ou de soutien inconditionnel; nos racines, notre mémoire. Oui, cette personne était centrale à notre équilibre et, quelquefois même, à notre identité.

La perte d'un parent peut être bouleversante, car cette relation est totalement unique: cette personne nous a engendrés, elle a occupé une place privilégiée dans notre histoire, elle représente une partie de nos racines, elle a participé à notre construction, elle a été un modèle, à suivre ou à ne pas suivre. Sa mort peut faire remonter des émotions intenses, des souvenirs (doux ou souffrants) de notre enfance et des attentes (comblées ou déçues). Sa perte peut nous troubler lorsqu'elle est prématurée, en particulier si nous sommes tout jeunes, mais aussi lorsque nous aurions encore voulu profiter de sa présence, de son amour, de son soutien, de son expérience. Nous nous sentons orphelins.

La mort de notre conjoint peut nous ébranler profondément: de toutes les autres personnes, c'est elle que nous avons aimée, que nous avons choisie et qui a partagé une partie significative de notre vie adulte. Ce fut notre «moitié» pendant si longtemps que nous nous sentons maintenant dépossédés d'une partie de nous-mêmes. La perte de notre conjoint signifie perdre son compagnon, mais aussi voir s'évanouir les rêves que nous caressions ensemble: nos projets futurs, ce que nous avions comme plans de retraite, comment nous avions envisagé notre vieillesse. Et ce sont des deuils supplémentaires et une source potentielle d'insécurité. Lorsque nous avons fondé une famille avec cette personne, notre lien est encore plus profond: nous avons perdu le parent de nos enfants et nous devons dorénavant assumer les deux rôles, ce qui représente une lourde charge lorsque ceux-ci sont jeunes.

Enfin, la perte d'un ami peut être troublante. Nous avons perdu, ici, quelqu'un qui occupait une place toute spéciale dans notre vie: une âme sœur chère à notre cœur, un confident, un ami d'enfance. Ces personnes, si rares, ont traversé le temps avec nous; elles ont été les témoins privilégiés des aléas de notre existence, de nos états d'âme, de nos épreuves et elles sont restées soutenantes et immuables malgré toutes ces années. Avec cette perte, nous perdons cette personne si significative qui a assisté à tant de moments de notre vie, mais nous perdons aussi, avec elle, cette complicité qui était la nôtre et qui nous était si chère.

J'ai perdu mon enfant

«J'ai perdu mon petit, mon tout-petit, mon ange», «Elle était pleine de promesses, belle et intelligente. La vie l'attendait, et pourtant elle n'est plus», «Pourquoi un enfant devrait-il mourir si jeune? Mon Dieu que la vie est dure et injuste!».

Nous sommes hébétés de douleur, abattus par la peine. Notre enfant, notre amour est mort.

Et jamais, jamais nous n'aurions voulu être témoins de son décès. Car c'est nous qui devions partir avant lui! C'est ainsi que doit aller la vie et notre perte est contre-nature: nos enfants sont censés nous survivre. Surtout à notre époque qui a vu des progrès considérables dans les domaines de la médecine et de la mortalité infantile. Comment cela a-t-il été possible?

Et puis nous l'avons tellement, tellement aimé. Nous lui avons consacré tellement de temps. Nous avons placé tant d'espoir, de rêves, de projets en cet être. Sa mort représente la perte d'une relation d'attachement tellement intense et significative qu'elle nous donne le vertige.

Cette perte est si grande que la langue française n'a pas de mot pour définir le nouveau statut d'un parent endeuillé. Nous ne sommes ni veufs ni orphelins. Comment se nomme un ex-parent? Nous sommes anéantis par la perte de ce qui donnait un sens à notre existence et de ce qui nous définissait sur le plan de notre identité. Les parents qui ont perdu leur enfant unique (ou tous leurs enfants à la fois) ont l'impression de ne plus avoir de statut officiel. Ils se sentent dépouillés d'un mandat qui les définissait: *«Sans mon fils unique, suis-je encore un parent?»*

Si notre enfant est mort *in utero*, notre perte peut être minimisée par notre entourage. La fausse couche est souvent perçue comme «l'acte bénéfique de la nature» et notre détresse peut être invalidée. Notre douleur et les rites funéraires que nous voudrions mettre en place peuvent être considérés comme exagérés. Or, c'est oublier que nous avions déjà massivement investi émotivement cet enfant, et ce, dès sa conception. Beaucoup de nos rêves se sont évanouis avec sa mort, et cela constitue une immense perte. Personne ne réalise non plus que nous vivons souvent un questionnement douloureux quant à la cause de sa mort : *«Pourquoi cela est-il arrivé ? Ai-je quelque chose de malsain en moi pour qu'il soit décédé ?»* Ce doute peut nous angoisser et entraîner beaucoup de dévalorisation.

Perdre un enfant est une épreuve bouleversante, et ce, qu'il soit tout petit, adolescent ou même adulte. Nous avons l'impression de perdre «notre chair», d'être dépossédés de ce que nous avions de plus précieux. Nous qui avons été la raison même de son existence, nous qui en avons été les acteurs et les témoins privilégiés, nous ne pouvons concevoir que nous assistons à sa fin. Que nous perdons cet être, source de tant d'attention, de tant d'espoir, de tant d'amour. Et qu'avec sa mort s'écroulent aussi tout l'avenir en sa compagnie et tous les projets que nous avions imaginés pour lui.

Le choc, le manque sont immenses et nous avons l'impression que jamais, plus jamais, nous ne pourrons aimer autant.

Mon proche s'est suicidé

«J'ai trouvé mon mari pendu dans le garage»; «Il est parti de la maison et s'est jeté d'un pont», «Elle a été trouvée sans vie dans son lit. Elle avait avalé tous ses médicaments».

Nous ne pouvons pas le croire... Il s'est enlevé la vie ! Elle a pris la décision de mourir !

Comment traverser cette épreuve alors que sa mort a été intentionnelle ? Alors que l'on se torture sans cesse à tenter de comprendre les motivations de son geste ? *«Pourquoi, mais pourquoi a-t-il fait cela ?!»; «A-t-il vraiment pris la "décision" de me laisser ? De partir ? Mais pourquoi ? Est-ce à cause d'une souffrance insupportable ? Est-ce plutôt un geste totalement impulsif et irrationnel ? Ou un accès de colère ? Un acte de faiblesse ou de lâcheté ? Mon Dieu, est-ce lié à mon comportement ?».*

L'aspect arbitraire de sa mort bouleverse notre relation avec le disparu: *« Pourquoi ne m'en a-t-il pas parlé ? Pourquoi n'est-il pas venu me voir ? »* Cela peut laisser en nous un sentiment amer d'avoir été abandonnés ou rejetés, ce qui aggrave notre tristesse ou notre colère: *« Pourquoi m'a-t-elle fait ça, à moi ? », « Je ne méritais pas qu'il agisse ainsi, et cela me fait tellement de peine », « Je n'accepte pas ce qu'elle m'a fait ! ».*

Et puis, parce qu'elle a été «volontaire», on en déduit que sa mort aurait pu être évitée. Il n'y a qu'un pas pour que nous trouvions que cela aurait été à nous de l'empêcher. Et, dès lors, nous nous sentons responsables de celle-ci. La culpabilité nous envahit et elle nous torture nuit et jour.

Lors d'une telle perte, c'est souvent nous, c'est-à-dire l'entourage rapproché, qui découvrons le corps ou qui voyons la scène de mort. Et cette expérience peut laisser des traces post-traumatiques: *« J'ai de la difficulté à oublier l'état de son visage », « Je ne peux pas entrer dans cette pièce sans avoir des* flashbacks *de ce que j'y ai vu ce jour-là ».* Ces images troublantes peuvent aggraver notre deuil et entraîner beaucoup de détresse.

Parce que le suicide est encore tabou, nous pouvons être envahis par la honte et par la peur du jugement des autres. Cela peut nous pousser à mentir à nos proches ou à camoufler les vraies causes du décès (*« Il est mort d'une crise cardiaque fulgurante »*). Ces mensonges peuvent à court terme sembler tentants et soulageants. Cependant, ils sont souvent source de blessures profondes chez des membres de la famille qui découvrent plus tard la vérité et qui se sentent alors trahis ou infantilisés. Notre perte est donc non seulement traumatique mais, en plus, à l'origine de lourds secrets de famille potentiellement explosifs.

Je l'ai perdu dans un accident

« Elle est partie se baigner dans la rivière avec des amis et elle s'est noyée », « Il est parti un matin et il n'est jamais revenu. Sa voiture a été percutée de plein fouet », « J'ai eu un appel au travail me demandant de me rendre à l'hôpital. Elle avait perdu le contrôle de sa moto et cela lui a été fatal »,

«J'ai appris à la radio que son train avait déraillé. J'ai prié pour qu'elle ne soit pas impliquée, mais elle faisait partie des décédés».

Noyade, incendie, accident de la route, accident de train, de moto, de bateau ou d'avion, les décès par accident sont tellement nombreux, et ce, dans tous les pays. Combien de fois avons-nous lu des statistiques dans les journaux avant cette horrible journée où notre perte a teinté d'une couleur toute personnelle cette réalité?

Lorsque notre être cher est parti ce jour-là, il était bien. En santé. Jeune peut-être. C'était une journée comme toutes les autres. Puis nous avons reçu cet appel. Ou nous avons entendu cette sonnette qui nous a fait ouvrir la porte à deux policiers. Et nos rêves se sont effondrés avec nous.

Pourtant, elle n'avait pas bu. Pourtant, il conduisait bien. Pourtant, elle nageait à la perfection. Et ce fut le choc de réaliser que l'accident a eu lieu quand même. Par l'action du hasard. Ou de la fatalité. Ou parce qu'un autre avait été négligent ou intrépide, ou était complètement saoul. Un profond sentiment d'injustice nous a envahis et une colère sourde nous habite désormais. La vie nous dégoûte. La société nous écœure. Comment trouver un sens à tout cela?

Quand sa responsabilité est avérée, nous ne comprenons pas. Nous sommes même en colère contre cet être cher: *«Comment a-t-elle pu boire avant de prendre le volant?!»*, *«Comment a-t-il pu consommer de la cocaïne alors que nous étions sûrs qu'il était sobre après la cure que nous avions payée pour lui?»*, *«Ben voyons, elle savait pourtant que le courant était trop fort à cet endroit!»*. Les conclusions de l'enquête ou de l'autopsie nous offrent de nouvelles informations qui peuvent modifier notre compréhension des causes de sa mort et qui peuvent être bouleversantes.

Depuis ce jour, notre perception de la sécurité est ébranlée: nous savons, plus que n'importe qui, que *«Cela peut arriver»*, qu'*«Un accident mortel est possible»*. Nous sommes devenus plus craintifs face à certaines situations ou certains modes de transport. Cela nous pousse même, quelquefois, à les éviter carrément: *«Je refuse de prendre le train depuis»*, *«Nos routes sont pleines de chauffards qui conduisent comme des fous »*. La peur mène notre vie et restreint notre liberté et notre fonctionnement quotidien.

C'est une maladie foudroyante qui me l'a enlevé

« En deux jours, elle était partie ; pourtant, elle allait si bien la dernière fois que je l'ai vue », « Je l'ai trouvé sur le plancher de la salle de bain. Il était trop tard, il est mort dans mes bras », « C'était une surprise absolue : une bactérie mortelle l'a terrassé en quelques jours ».

Une crise cardiaque, un accident vasculaire cérébral, un cancer, une infection peuvent être foudroyants. Notre être cher était en parfaite santé et soudainement il est mort ! Comment est-ce possible ? Surtout avec l'état actuel de la médecine ! Une maladie peut-elle vraiment nous frapper de façon imprévisible et nous terrasser ainsi ?

Dans ce type de mort traumatique, le choc de perdre notre être cher peut s'accompagner d'une douloureuse remise en question de notre conception de la toute-puissance de la science, de notre système de santé ou du comportement du personnel hospitalier. Non seulement nous souffrons émotivement, mais nos croyances fondamentales sont ébranlées. La vie est vraiment fragile… même à notre époque.

Cette expérience peut nous rendre plus inquiets en ce qui concerne notre santé : tendance à se *scanner* plusieurs fois par jour à la recherche de symptômes « inquiétants » ou « anormaux », dramatisation du moindre bobo, exagération des conséquences négatives possibles. Nous nous sentons vulnérables. Nous avons peur d'être malades.

Cela nous pousse à fonctionner comme si nous avions deux cerveaux : un qui s'occupe du quotidien et l'autre qui se demande constamment si cette douleur-là est normale, si notre dernier examen a démontré quelque chose de bizarre ou si notre médecin nous cache quelque chose, si cette petite bosse ou cette tache est vraiment bénigne. Nous sommes en état d'alerte constamment, et cela nous épuise.

Nous pouvons craindre pour notre santé («*J'ai peur d'être malade, de souffrir autant qu'elle et de mourir*», «*Je suis terrifiée à l'idée de laisser mon fils orphelin. Je suis le seul parent qu'il lui reste depuis la mort de mon mari*») ou être inquiets de la santé de nos proches («*Et si ma fille tombait malade ? Je ne pourrais pas la perdre aussi, cela serait vraiment au-dessus de mes forces. Est-ce normal, cette toux dont elle souffre depuis ce matin ?*»).

Nous avons maintenant beaucoup de difficulté à tolérer l'incertitude quant à notre santé ou à celle de nos proches. Nous sommes en état de vigilance constant et nous nous faisons des scénarios catastrophiques qui sont exténuants.

Mon être cher a été assassiné

«*C'était une invasion de domicile et, dans l'altercation, il a reçu un coup de couteau qui a été mortel*», «*Il a été abattu par une arme à feu en pleine rue*», «*Il s'est présenté à cette adresse. Cela ne devait être qu'une opération policière de routine, mais l'agresseur a tiré à travers la porte. Il est mort sur le coup*».

Nous sommes bouleversés par la nouvelle. Quelqu'un a volé la vie de notre être cher. Il l'a assassiné. Et, du même coup, cette même personne a détruit notre existence.

C'est un acte qui a été volontaire et qui aurait pu être évité. Cela ébranle profondément notre conception de la nature humaine : comment un être humain peut-il faire cela à un autre ? Comment expliquer un tel niveau de violence, une telle impulsivité dévastatrice ? Nous sommes dégoûtés.

Nous sommes envahis par la colère, la révolte, la rage. Nous haïssons le responsable. Nous nous surprenons à entretenir des scénarios de vengeance, à être irritables toute la journée à force de le détester. Le sentiment que notre être cher a été tué injustement nous hante. Et ce sentiment d'injustice nous enlève le sommeil, nous enlève notre sérénité.

Nous pouvons aussi nous sentir sournoisement honteux. Pourquoi a-t-il été tué? Comment expliquer cela à notre famille, aux enfants? Aux collègues, aux voisins? Sommes-nous, nous aussi, à risque maintenant?

La médiatisation de sa mort nous perturbe: autour de nous, dans notre communauté, aux nouvelles, on ne parle plus que de cela. Les images roulent en boucle à la télévision; tout le monde se permet de commenter la nouvelle, cette nouvelle qui est notre drame, notre perte toute privée. Nous nous sentons violés dans notre intimité, dépossédés de notre chagrin, jugés injustement et dégoûtés par des journalistes intrusifs et avides de *scoops*.

L'enquête qui suit sa mort n'aide pas notre deuil. Nous trouvons si difficiles les multiples questions indiscrètes, les recherches ou les perquisitions, les intrusions stressantes dans notre vie privée. Sans compter les fins de l'enquête qui exigent quelquefois que la police conserve des pièces à conviction: on nous enlève des objets appartenant au décédé et qui nous sont chers. Nous sentons cela comme une atteinte injuste à notre liberté.

Notre épreuve ne s'arrête pas là puisque nous devons peut-être assister aux poursuites criminelles ou même témoigner. Nous devons aller écouter les dépositions, les expertises, les détails sordides, voir des images troublantes. Il s'agit de moments extrêmement éprouvants et épuisants.

Nous vivrons dans l'attente du verdict et dans l'espoir qu'il puisse enfin nous apaiser. Or, si celui-ci peut combler nos attentes, il peut aussi, au contraire, nous révolter. Il peut nous donner l'impression que justice n'a pas été rendue et que nous avons été trahis, de nouveau. Cette sentence s'ajoutera à notre détresse déjà envahissante et pourra induire de la rage ou un sentiment intense d'amertume à l'égard de la société et du système de justice.

Si nous n'avons pas à subir ces procédures, comment vivre notre deuil quand les responsables ne peuvent pas être poursuivis en justice parce qu'ils se sont suicidés, qu'ils n'ont jamais été identifiés ou qu'ils sont inatteignables? Comment vivre avec ce lourd sentiment d'être victimes d'une injustice qui ne sera jamais réparée?

C'est un membre de sa famille qui l'a tué

« Ma fille a été battue à mort par son mari en état d'ébriété », « À la suite de notre séparation, mon ex-mari a tué nos deux enfants avant d'être maîtrisé par la police », « Ma sœur a été tuée par son conjoint qui n'a pas supporté qu'elle le quitte ».

Dans ce type de décès, l'horreur et le drame arrivent par une personne que notre être cher avait autrefois aimée, que nous avons pu nous-mêmes apprécier, en qui nous avions peut-être confiance. On ne peut concevoir pire choc, pire trahison. Nous sommes hébétés de surprise. Nous essayons de comprendre.

Et nous nous sentons insidieusement coupables : coupables de ne pas avoir *« pu empêcher le drame »*, ou même de l'avoir provoqué *« car je l'ai quitté »*. Nous nous repassons sans cesse le fil des événements, tentant de voir où nous aurions pu *« intervenir pour prévenir sa mort »*. C'est épuisant et cela nous torture.

Je l'ai perdu mais il a tué... avant de se suicider

« Mon fils a tué sa conjointe avant de se suicider », « Mon petit-fils est mort, car ma fille l'a entraîné avec elle dans son suicide », « Mon père a tué ma mère qui était gravement malade avant de se suicider », « Je suis la mère de celui qui a ouvert le feu dans l'établissement et qui a tué des étudiants avant de mourir ».

Nous pensons peu à la famille et aux amis de celui qui a tué avant de se suicider. Nous ignorons à quel point le blâme social est impitoyable. Lorsque cela nous arrive, nous sommes écartelés entre la honte pour ce qu'un des nôtres a commis (*« Comment a-t-il pu ? Cela me révolte tellement ! »*) et le manque de cette personne (*« Je m'ennuie beaucoup de lui. Je n'accepte pas ce qu'il a fait ! Mais pour moi, il sera toujours mon fils, le fils que j'ai tellement aimé et qui avait de si belles qualités »*). Nous cachons notre tristesse, car comment partager notre deuil quand les gens sont dégoûtés par le geste commis ? Comment peuvent-ils entendre que nous nous ennuyons de cette personne malgré l'horreur perpétrée ? Nous nous sentons stigmatisés, jugés et nous nous isolons en ravalant douloureusement nos larmes.

Par moments, c'est la colère qui s'impose et le rejet du défunt. On le déteste, on le renie... mais cela n'entraîne pas toujours l'effet apaisant escompté. À d'autres moments, la culpabilité prend toute la place et nous nous sentons presque responsables des actes commis : « *Comment celui que j'ai mis au monde, que j'ai allaité et bercé, a-t-il pu un jour commettre de tels gestes ?* », « *Qu'ai-je fait pour que mon enfant (ou mon frère) agisse ainsi ?* ». Il n'y a malheureusement aucune réponse simple à l'horizon, et nous restons seuls avec notre détresse. Et notre honte.

Je l'ai perdu lors d'un acte terroriste ou d'une tuerie

« *Ma fille a été assassinée par un tireur misogyne alors qu'elle était à l'université* », « *Mon fils était tout à côté du terroriste qui s'est fait exploser dans le métro* », « *Ma femme était dans l'avion qui a percuté le World Trade Center* », « *Mon meilleur ami a été assassiné en pleine rue devant une école de Toulouse* ».

Comment comprendre tant de haine ? Comment comprendre qu'on puisse l'avoir tué aveuglément *en raison de ce qu'il représentait* ? ! Comment accepter qu'il (ou elle) soit mort parce qu'il (ou elle) constituait un symbole détesté ? Une femme ingénieur, un enfant juif, un militaire français, une passagère dans une compagnie aérienne américaine, un homme blanc occidental, un adolescent gai, une jeune femme noire, une féministe, un défenseur de la liberté d'expression ?

Cette perte est extrêmement douloureuse, car elle nous confronte à la haine, à des enjeux politiques ou à des désespoirs sociaux qui dépassent notre seule existence. Nous réalisons soudainement l'ampleur de l'aversion de certains pour ce que nous sommes ou ce que nous représentons. Nous sommes submergés à notre tour par la colère : colère contre le hasard qui a mis l'être cher dans la mire de la mort, colère contre la cause défendue par l'assassin. Et puis nous sommes envahis par la tristesse et une intense amertume envers l'état de notre société ou l'immaturité et l'extrémisme des moyens utilisés pour revendiquer une cause.

Si nous étions présents lors de sa mort, nous pouvons être submergés par la douloureuse culpabilité du survivant: *«Pourquoi n'est-ce pas moi qui ai été visé? Qui ai été touché? Pourquoi ai-je survécu? Aurais-je pu faire quelque chose pour le protéger de la mort? Aurais-je pu faire mieux?»* Le doute nous torture. La révolte nous envahit.

Je l'ai perdu lors d'une catastrophe naturelle

«Il est mort lors du tsunami qui a ravagé les côtes de la Thaïlande», «L'ouragan faisait rage et nous avons été évacués. Mais elle est restée au Mexique et elle est décédée», «Le plafond de l'école de Port-au-Prince s'est effondré sur elle».

Il est mort. Je l'ai perdu. Pour toujours. Et c'est la nature qui me l'a enlevé, ce sont les éléments qui l'ont tué. Comment vivre notre deuil alors que sa mort ébranle notre confiance en ce sol que nous pensions tellement stable, immuable, rassurant? Alors que nous aimions tant cette nature que nous croyions avoir domptée?

Nous avons encore en tête les images bouleversantes du tsunami au Japon, du tremblement de terre en Haïti ou de la dernière catastrophe naturelle qui a frappé notre communauté. Ces événements meurtriers laissent des centaines d'endeuillés très éprouvés.

D'abord parce que lors de telles catastrophes, toute la communauté est ébranlée, et la désorganisation sociale qui s'ensuit aggrave notre deuil. Comment retrouver le corps de l'être cher, l'identifier et organiser les rites de deuil dans ce chaos innommable? Comment faire notre deuil alors que nos repères sécurisants n'existent plus? *«Où va-t-on dormir? Que peut-on manger? Quand vais-je reprendre le travail? Comment va-t-on s'en sortir financièrement?»* Nous sommes submergés par la détresse causée par la perte de l'autre, mais aussi par le stress de devoir répondre aux besoins de base de nos proches, de réorganiser notre quotidien, d'assurer notre sécurité et de retrouver un semblant de vie normale.

Nous sommes en état d'alerte constant, sachant maintenant que la nature peut vibrer, tonner, inonder... et tuer. Nous qui nous sentions puissants face aux éléments, sûrs de notre «technologie» de citoyens modernes, nous avons tragiquement mesuré leur force dévastatrice et leur potentiel destructeur. Nous ressentons douloureusement un bris de confiance envers cette nature autrefois perçue comme si bucolique. La vue d'une plage, l'invitation à monter dans un bateau, les voyages dans des régions à haute activité sismique nous effraient maintenant et évoquent des souvenirs traumatiques.

Nous n'avons jamais retrouvé son corps

«Mon mari a disparu en mer lorsque son embarcation a chaviré», «Ma fille était dans l'église lorsque celle-ci s'est effondrée. La dalle de béton les a tous écrasés», «Ma petite-fille a été enlevée et nous la recherchons toujours. Cela va faire dix ans».

Nous l'avons perdu. Nous le savons. Oui, oui, il est (sûrement) mort... Mais nous ne l'avons pas vu, pas touché. Alors, comment composer avec ce doute qui s'incruste dans notre esprit malgré les semaines qui passent? *«Se pourrait-il qu'il ait survécu? Et si, par miracle, il était vivant mais amnésique et qu'un jour il me revenait?»*

Comment faire notre deuil quand la preuve tangible de sa mort n'existe pas? Comment apaiser nos scénarios les plus fous, nos espoirs les plus vifs?

Et puis, que faire, face à notre entourage? Les rites funéraires ne sont pas vraiment possibles et l'espérance du «miracle» nous hante et contrecarre notre processus de deuil.

Notre espoir peut nous donner toutes les énergies, toutes les forces. Nous sommes infatigables dans nos recherches pour le retrouver. Nous sommes résistants à la fatigue, au manque et à la tristesse. Et puis nous vivons des montagnes russes émotionnelles: des périodes d'exaltation alternent avec un abattement sans fond. Car cette attente devient de plus en plus insupportable avec le temps. La quête d'une réponse qui ne vient pas nous torture. Nos scénarios les plus irréalistes nous habitent encore, mais notre espoir qu'ils se réalisent s'amenuise. On ne vit plus, on survit.

Nous passons des contrats avec Dieu, avec l'univers : *«Vous me la ramenez et je jure de l'aimer mieux qu'avant»*, *«J'arrête de boire et vous faites que nous la retrouvions»*. Nous tentons de contrer notre impuissance insupportable par des promesses sacrées ou des ententes superstitieuses.

Nous espérons de toute la force de notre cœur, mais les semaines et les mois passent et nous sommes cruellement déçus. Nous nous surprenons à désirer en finir avec cette incertitude, avec cette impression d'être en *stand-by* et pouvoir enfin tourner la page, quitte à recevoir de mauvaises nouvelles. Il s'agit d'un désir très légitime et parfaitement compréhensible. Pourtant, nous nous sentons tout honteux et nous nous jugeons coupables de lâcheté, coupables de «laisser tomber» notre être aimé, coupables de ne pas «être assez forts pour continuer à espérer, pour continuer à rechercher».

Nous nous refusons le droit de commencer notre deuil et de nous réapproprier notre vie. Tout est arrêté. On attend...

Chapitre 2

Je souffre, je souffre tellement !

Je suis le Ténébreux, le Veuf, l'Inconsolé,
Le Prince d'Aquitaine à la Tour abolie :
Ma seule Étoile est morte et mon luth constellé
Porte le Soleil noir de la Mélancolie.

El Desdichado
Gérard de Nerval (1808-1855)

« *Mon amour n'est plus, il est parti, pour toujours. Ce n'est pas possible.* *Cela ne se peut pas. J'ai mal, j'ai tellement mal. Je ne suis que manque de* *l'autre.* » La mort vient de nous arracher notre être cher et la souffrance nous envahit complètement. Notre corps, notre âme hurlent de douleur. C'est insoutenable. C'est interminable.

Le terrible choc de la perte

Abyssus abyssum invocat.

L'abyme appelle l'abyme.

Foudroyés par la nouvelle

Nous venons d'apprendre sa mort. Et le choc nous anéantit : indigeste émotivement, non assimilable cognitivement, il nous déchire le cœur. Une boule douloureuse s'installe dans notre poitrine et semble vouloir s'incruster pour toujours.

Nous sommes complètement hébétés : *«Est-ce vraiment possible ?!?»*, *«Suis-je en train de rêver?»*, *«Non, non, ce n'est pas vrai, ce ne peut pas être vrai»*. Le refus d'y croire, la révolte contre la nouvelle, la colère contre la vie, contre Dieu, contre la société, et même contre le décédé nous envahissent.

Un énorme sentiment de panique nous submerge : une montée intense d'anxiété qui donne des palpitations, des tremblements, de la fébrilité, des étourdissements. Affolement face à l'impossible, panique face à tout ce qui nous attend, peur face à l'avenir.

On ne respire plus, on a de la difficulté à accomplir des gestes élémentaires, on ne se sent plus, et on a envie de hurler notre douleur. Non, on n'est *que* douleur, une chair à vif qui désire s'éteindre pour arrêter de souffrir et retourner à un moment où l'horrible ne s'est pas produit.

Notre tristesse est envahissante ; le manque est presque physique, et ce, jusqu'à donner la nausée, à induire des vertiges, et même à nous rendre complètement insensibles. Car le choc est si intense qu'il peut nous anesthésier. Nous pouvons nous sentir «gelés», vides intérieurement, presque froids. Nous sommes confus, déconnectés de ce qui se passe autour de nous, complètement désintéressés par le quotidien.

Sur le coup, des réactions moins connues sont aussi courantes. Ainsi, nous pouvons accomplir par automatisme certains gestes programmés d'avance mais qui semblent complètement incongrus dans le contexte (*«J'ai eu le réflexe d'aller chercher un chiffon pour nettoyer la table alors que mon fils venait de mourir!»*). Ou alors, nous pouvons nous sentir emplis d'un vague sentiment de culpabilité ou de honte. Certaines morts sont (encore) frappées de jugements ou de préjugés et nous pouvons nous sentir bizarrement honteux face à certains éléments liés à la mort. Nous pouvons aussi ressentir du dégoût ou de l'horreur à l'égard des circonstances du décès ou de l'état du corps.

Dans les heures qui suivent la mort de l'être cher, le choc en est aussi un d'intense contraste avec l'environnement : les autres continuent à aller au travail alors que nous sortons des soins palliatifs ; la ville continue à fourmiller quand nous raccrochons le téléphone ; les voisins reçoivent des amis alors que les policiers sortent de chez nous. Il est tellement dur de souffrir autant alors qu'autour de nous la vie continue. Comme si elle ne se souciait pas de notre détresse. Comme si rien d'important ne s'était produit. Et pourtant, notre cœur vient de se déchirer. On voudrait arrêter le temps et teinter notre environnement de notre désespoir plutôt que constater que, pour d'autres, la vie reste si «ordinaire». Nous sommes révoltés que les autres ne mesurent pas leur «chance» de n'être pas (eux aussi) frappés par le malheur, qu'ils ne savourent pas à sa juste valeur un quotidien qui vient de nous être, à nous, cruellement ravi («*Comment peuvent-ils se plaindre du stress de l'école, alors que moi, je ne demanderais rien de plus au monde que d'avoir encore ma fille à superviser pour ses devoirs?*»).

Les heures passent... Mais la douleur reste

La souffrance s'installe. Vive. Lancinante. Elle nous coupe les jambes. Elle nous coupe le souffle.

Or, il est temps d'accomplir les modalités administratives, de préparer les rites funéraires puis d'y assister.

Pour certains, ces moments sont une source précieuse de réconfort et de solidarité: ils se sentent entourés d'amour, d'attention et peuvent vivre leur tristesse pleinement. Pour d'autres, il s'agit d'un supplice qu'ils traversent comme des zombies, vides de cœur et d'esprit, se sentant comme des loques inanimées et exsangues de toute énergie vitale. Ils se sentent épuisés de chagrin, insensibles à tout, sauf à leur douleur envahissante. Pour d'autres encore, cela représente une «tâche à accomplir à la perfection», tâche dans laquelle ils ont mis toutes leurs énergies, s'affairant comme des fourmis ouvrières, désireux que tout se passe «comme il faut», attentifs aux détails et à la douleur des autres, mais pas à la leur. Retenant leurs larmes, ils traversent ce moment en se sentant responsables, s'affairant aux détails techniques mais déconnectés de leur chagrin.

Pendant cette phase, nous reconnaissons *rationnellement* que notre être cher est mort, mais cela reste une perception abstraite et pas encore émotionnelle: «*Oh, il est mort, mais je ne le sens pas. Je ne veux pas le sentir...*»

Nous gardons la sourde impression que sa mort est irréelle, qu'elle est impossible. Que nous sommes dans un cauchemar qui va bientôt se terminer et que tout «va redevenir comme avant». On croit presque ressentir la présence du défunt: on croit l'apercevoir, on s'attend à le voir ouvrir la porte, on a l'impression de lui parler... Il est encore, un peu, là.

Et les interrogations fusent en nous: «*Comment cela s'est-il produit?*», «*Pourquoi cela m'est-il arrivé à moi, à nous?!*», «*Comment est-ce possible?*». Une douloureuse quête de sens débute, et elle se poursuivra encore longtemps.

La phase de deuil

Ne me secouez pas,
je suis plein de larmes.

Henri Calet (1904-1956)

Elle nous a frappés en plein cœur, nous a coupé le souffle, et depuis, malgré les jours qui passent, les semaines qui défilent, elle ne nous lâche pas: la souffrance de sa perte. Une immense douleur qui n'a rien de comparable. Nous nous sentons obnubilés par le manque, par le vide. Nous sommes dépossédés de ce que nous avions de plus précieux, privés de notre vitalité, submergés par des émotions très souffrantes.

Dans cette phase, nous réalisons progressivement, douloureusement, que la perte est permanente. «Permanente», comme dans «pour toujours»... Et cela entraîne une souffrance intense: «*Il ne reviendra plus jamais, jamais, jamais*», «*Je devrai vivre sans elle, dorénavant*». Cela nous révolte: «*C'est tellement injuste! Pourquoi moi?!*»

L'impuissance nous envahit; nous ne voulons pas et pourtant, pourtant, la réalité s'impose, implacable malgré toute notre volonté et toutes nos ressources: notre être cher est m-o-r-t. Mort. Pour toujours. Il n'est pas là actuellement. Mais il ne sera pas là non plus pour notre retraite, pour notre vieillesse, pour vivre avec nous tous les projets que nous avions préparés et rêvés ensemble. Il est *mort*.

Cette prise de conscience entraîne plusieurs émotions douloureuses très changeantes: des journées de tristesse profonde succèdent à des périodes de rage, des moments d'apaisement suivent des heures torturées et confuses. Le processus de deuil n'est pas linéaire: les émotions fluctuent. Et tout cela par bouffées. Intenses. Mouvantes. Des moments très souffrants alternent avec des moments irréels plus légers ou avec des moments d'engourdissement émotionnel.

Notre douleur atteint quelquefois des niveaux si violents que nous avons l'impression que nous allons devenir fous ou que nous allons nous désintégrer sur place. Que nous avons envie de mourir nous-mêmes, pour arrêter de souffrir, pour ne pas avoir à faire face à «l'après» de sa mort. Nous avons quelquefois l'impression que cette douleur est au-delà de ce que nous pouvons endurer, au-delà de ce que tout être humain pourrait tolérer. Et pourtant, elle dure, cette souffrance, elle dure... et nous aussi.

Tout le monde est au courant du décès, les rites funéraires ont été effectués, les dispositions ont été prises. Et nous, nous restons exsangues, telle une baleine échouée sur le rivage, peinant à retrouver notre souffle sans l'autre qui était toute notre vie.

Notre quête de sens prend une grande place et nous jonglons avec plusieurs explications afin de tenter de comprendre sa mort, ou... d'accepter qu'il n'y ait rien à comprendre.

Bien que souffrante, cette phase de deuil proprement dite est pourtant extrêmement fertile. Elle nous permet de pleurer notre perte et d'amorcer la digestion émotionnelle de la mort de l'être cher. Elle permet de redéfinir notre identité et nos rapports avec les autres: *«Qui suis-je, s'il n'est plus là?»* Elle permet aussi de redéfinir nos valeurs, notre sens de l'existence: *«Comment poursuivre ma vie en son absence et... pourquoi le ferais-je?»* En fait, cette phase favorise notre adaptation à une nouvelle réalité, sans l'autre. Elle nous permettra doucement de retrouver notre équilibre et de nous ouvrir à une nouvelle vie...

Non, je ne veux pas !

«Non ! Il n'en est pas question, je ne veux pas !!! Je ne veux pas qu'il soit mort !», «Je ne veux pas vivre sans elle, je ne veux pas souffrir ainsi».

Notre réaction en est une de protestation et de révolte. Colère face à la mort qu'il a vécue. Révolte devant l'immense vide que la mort a laissé dans notre cœur et dans notre âme. Refus de la douleur qui a suivi et qui dure, qui dure...

Nous sommes habitués à être en maîtrise de notre vie. Nous tentons de contrôler notre quotidien. Et voilà que notre être aimé meurt dans des circonstances imprévisibles, de manière odieuse. Nous nous sentons piégés dans une situation que nous refusons de tout notre être, de toutes nos forces. Cela «ne devrait pas», «c'est inacceptable», c'est «tellement injuste». Il n'en est pas question. *«Non, je ne veux pas !»*

C'est un véritable cri du cœur que nous envoyons au destin, à la vie, à l'Univers, à Dieu. Et, comme nous nous sentons impuissants à changer cette situation, notre révolte peut nous pousser à «retenir» le défunt. On peut ainsi avoir tendance à garder tous les objets, vêtements, possessions qui appartenaient à l'être cher. On peut refuser de lui dire adieu aux funérailles, on peut poursuivre notre vie comme s'il était à nos côtés, on peut continuer à lui parler constamment, et on peut même avoir le goût de le rejoindre. Notre révolte est trop forte. Nous n'avons aucun choix ? Eh bien alors, nous ferons «comme si», malgré tout.

Je le recherche partout

«Je reste toujours en état d'alerte, vigilante au moindre signe qu'elle pourrait m'envoyer», «Un moment, j'ai presque eu l'impression qu'il était là, avec moi, dans ma chambre», «Notre oiseau a recommencé à chanter le jour de notre date anniversaire, j'y ai vu un message d'amour évident».

Dans les jours, les semaines qui suivent son décès, nous pouvons devenir incroyablement attentifs à tous les signes que le défunt pourrait nous envoyer. L'apparition de certains rayons de soleil, la manière dont les enveloppes sont positionnées dans la boîte aux lettres, le déclenchement incompréhensible du système d'alarme, le rêve de la nuit dernière, le coup de téléphone anonyme, tous ces événements peuvent être interprétés comme des messages qui nous sont destinés et que nous voulons voir comme des signes de l'être aimé. Signe qu'il nous aime. Signe qu'il y a une vie, une conscience après la mort. *«Que veut-il me dire? Comment va-t-il? M'aime-t-elle encore? Veille-t-il sur moi? Qu'attend-elle que je fasse?»*

Nous pouvons passer de longs moments à essayer de déchiffrer ces «messages», à tenter de l'entendre, de comprendre ce qu'il veut de nous, de connaître ce qu'il vit, de nous coller à son contact. Nous pouvons dialoguer avec lui, entendre des réponses, lui demander ce qu'il pense de certaines choses de notre quotidien. On devient hypervigilant à une relation encore possible.

Quelquefois, cette hypersensibilité peut prendre la forme d'une recherche de contact encore plus tangible: nous pouvons nous tourner vers un médium ou rester de longs moments prostrés à l'imaginer, à nous bercer dans son souvenir. Certains voudront le rechercher dans les endroits qu'il fréquentait, dans sa chambre ou son bureau encore intacts, dans l'odeur de ses vêtements, dans les vidéos témoignant des moments partagés ensemble. Pendant ces moments, on se sent bien, car on ressent presque physiquement la présence de l'autre et on en oublie temporairement la perte. Malheureusement, le retour à la réalité est terriblement brutal! Et le manque de l'autre est, alors, encore plus criant.

Je l'attends toujours...

«Elle est morte si soudainement... Je m'attends encore à la voir arriver un soir pour dîner avec nous», «Je me réserve pour lui, encore maintenant».

Sa mort a été imprévisible et incroyablement soudaine. Notre cerveau, nos habitudes ont de la difficulté à s'adapter à cette nouvelle réalité qui a tant d'importance dans notre vie mais qui s'est imposée si rapidement. Nous pouvons continuer à mettre la table en comptant son couvert, à regarder si sa voiture est arrivée dans le garage, à nous tourner dans sa direction en regardant la télévision pour lui faire part d'un commentaire.

Au-delà de ces gestes automatiques, nous pouvons aussi nous mettre inconsciemment dans un mode «attente» ou décider volontairement que nous l'attendons, que nous nous gardons pour l'autre. Ainsi, certains endeuillés peuvent s'imposer de se tenir loin de toute nouvelle relation amoureuse afin de «rester loyal» à l'autre, et ce, même par delà la mort. Nous pouvons réaliser que nous nous refusons des plaisirs car cela «serait mal», que nous nous empêchons d'investir dans des amitiés et des relations car nous désirons rester exclusifs à l'autre.

Je me sens détaché et engourdi

«La douleur a été trop grande. J'ai eu tellement mal. Mais depuis quelque temps, je me sens détaché. Je ne ressens presque rien : comme une coquille vide, je traverse la vie sans but et sans intérêt.»

Le choc de sa mort a été tellement, tellement intense. Émotivement, nous n'avons pas pu l'assimiler. C'était tout simplement trop. Trop violent. Trop souffrant. Trop inconcevable.

Alors, notre organisme s'est engourdi. Nous nous sentons émoussés émotivement, incapables de ressentir quoi que ce soit. Nous nous sentons vides, indifférents à tout, sauf à notre perte. Plus rien ne nous atteint. Plus rien ne semble digne d'intérêt. Nous errons dans cette vie comme une âme en peine, en attendant que notre supplice se termine. Comme des condamnés, on «fait du temps».

Pour certains d'entre nous, ne pas ressentir peut prendre la forme d'une grande activation : on s'étourdit dans le travail, dans les relations sociales, dans une quête d'argent ou de pouvoir. Notre emploi du temps hyper occupé nous empêche de nous «laisser déposer» et de prendre la mesure de notre perte. Nous nous étourdissons dans un rythme de vie effréné afin de ne pas ressentir. Notre peine est un peu anesthésiée par notre fuite en avant.

Nous pouvons aussi être tentés de nous geler par l'alcool ou par la drogue. Pendant quelques heures, nous trouvons un peu d'apaisement dans un monde artificiel et volatil où notre perte est moins douloureuse. Cela nous permet d'engourdir un peu notre souffrance. Nous oublions que ces substances sont accrocheuses et qu'elles vont exiger insidieusement une consommation de plus en plus grande de notre part pour nous procurer le même effet apaisant. Nous oublions aussi qu'elles sont dépressogènes, c'est-à-dire qu'elles accentuent physiquement, neurologiquement notre tristesse.

En fait, nous nous protégeons d'un contact douloureux avec certaines émotions. Car cela nous effraie. Ou parce que nous n'en avons pas l'habitude. Ou que nous avons honte de certaines d'entre elles. Pour le moment, «ressentir» signifie «souffrir», et nous avons envie de nous couper de cette souffrance. Nous y gagnons un certain soulagement... mais nous y perdons notre vitalité. Nous ne sommes plus nous. Nous ne nous reconnaissons plus dans cette insensibilité. Et cela suspend notre processus de deuil.

Je me sens tout le temps enragé

«Je suis tout le temps en colère. Je me sens trahi et injustement traité!», *«Je me sens si irritable!»*, *«Je suis révoltée contre l'Univers, contre la vie, contre Dieu et sa "supposée" bonté. Je ne méritais pas cela!»*.

La rage peut nous envahir, nous consumer et nous laisser bien peu de répit. La rage envers Dieu, envers la vie, envers les autres, envers la société et même envers le défunt nous submerge.

Nous nous sentons parfois coupables de ressentir de la colère envers l'être cher décédé; or, cette révolte est courante, temporaire et souvent légitime. La colère qu'il nous ait quittés, qu'il ait pu décider de mourir, que sa négligence ait pu entraîner sa mort; la colère qu'il n'ait pas souscrit à une meilleure assurance, qu'il nous laisse dans un tel chambardement financier ou familial: toutes ces raisons peuvent justifier notre colère.

Notre colère découle souvent d'un sentiment d'injustice. Nous nous indignons que notre être cher soit décédé alors que quantité d'autres personnes (moins bonnes, moins belles) se portent si bien! Pourquoi? Comment comprendre cela? Cela nous rend amers, intolérants, quelquefois insupportables avec notre entourage, car notre détresse nous rend rigides et hargneux. Nous sommes envahis par des bouffées de jalousie alors que cela ne nous ressemble pas du tout.

Il peut arriver que notre colère nous serve à ne pas entrer en contact avec notre tristesse. Nous pouvons la trouver plus digne, plus forte ou plus proche de notre personnalité que la peine. Nous pouvons préférer le ressentiment au chagrin, car il procure un sentiment de puissance et de contrôle plus confortable.

Je suis submergé par des images liées à son décès

« Des images de son visage me hantent », « Moi qui dormais si bien autrefois, voilà que j'ai des nuits très agitées », « Je reste profondément marqué par l'état de son corps, que j'ai dû identifier ».

Les circonstances de sa mort ont pu être bouleversantes et horrifiantes. Ces souvenirs peuvent s'imposer à notre conscience durant le jour sous forme d'images intrusives ou de *flashbacks*. La nuit, des cauchemars peuvent nous envahir et perturber notre sommeil. Cela peut nous faire craindre de nous endormir par peur de rêver à des détails sordides. Un détail (une odeur, une couleur, un lieu, une personne, un type d'objet, un sujet de conversation) peut faire remonter des souvenirs horribles qui entraîneront de l'anxiété, de l'horreur ou du dégoût.

Ce sont des réactions post-traumatiques courantes qui sont souvent temporaires et qui s'atténuent doucement avec le temps. Par contre, quelquefois, elles persistent et affectent gravement notre quotidien. Dans ce cas, nous évitons de plus en plus des situations qui nous rappellent les circonstances du décès. Nous commençons à faire de l'insomnie, ce qui entraîne beaucoup de fatigue et d'irritabilité. Les images perturbantes qui nous envahissent ne s'atténuent pas et elles nous hantent avec plus de vigueur et de plus en plus souvent. Ces réactions affectent gravement notre moral et notre qualité de vie.

J'évite des éléments associés à sa mort

«Depuis sa mort, je ne suis plus capable de traverser ce pont», «J'évite d'aller dans le sous-sol ou dans le garage», «Je détourne les yeux et j'ai des frissons quand je vois un couteau. Je suis incapable de faire la cuisine, depuis».

Tous les éléments qui étaient présents lors de sa mort, tels que le lieu, des odeurs, des objets, des bruits, sont maintenant associés au pire événement de notre vie. Ils sont maintenant *conditionnés*. Cela signifie que, par la suite, lorsque nous serons en contact avec eux, nous pourrions ressentir de nouveau la détresse qui nous habitait lors de sa mort : panique, confusion, sentiment d'horreur, tristesse intense. Ainsi, voir le même modèle de voiture que celle impliquée dans son accident, voir une poutre qui ressemble à celle utilisée pour son suicide, entendre un reportage sur les crises cardiaques, regarder une émission sur les gangs de rue criminalisés, etc., peut faire remonter des images de sa mort ainsi que tout un flot d'émotions très douloureuses.

Cet état est très souffrant et, sans vraiment nous en rendre compte, nous aurons ensuite tendance à éviter les situations qui nous bouleversent : *«Pourquoi est-ce que je retournerais là alors que cela me fait si mal? Je vais faire un détour...»* Or, si cette attitude est soulageante à court terme, elle est perverse à long terme. En effet, éviter des éléments liés à son décès peut affecter gravement notre autonomie, nous restreindre dans notre liberté d'action et, surtout, maintenir notre détresse.

Je me sens tellement coupable

«On s'est disputés juste avant qu'il prenne la route», «Si seulement j'avais appelé, j'aurais sûrement pu empêcher son suicide», «Elle était en train d'acheter mon cadeau de Noël quand elle est décédée, je me sens responsable», «J'étais si occupé, je n'ai pas assez pris le temps de lui prouver combien je l'aimais».

Culpabilité face à la cause de sa mort, aux gestes que nous avons posés lors de son décès, à nos comportements juste avant qu'il parte... les raisons ne manquent pas pour nous blâmer, nous critiquer et nous en vouloir.

Depuis sa mort, nous revisitons les moments qui ont précédé son décès si soudain et nous nous blâmons. Impitoyablement. Irrationnellement. Connaissant maintenant ce qui nous attendait, nous aimerions tellement défaire le passé et recommencer «en mieux».

On se critique de ne pas «*avoir su prévoir sa mort*», de ne pas «*avoir su l'empêcher*», de ne pas avoir «*bien réagi*». Car tout a l'air si évident *a posteriori*. On se refait des scénarios où on a su empêcher le drame, dans lesquels l'être cher est encore vivant. Et on s'en veut. Car on a l'impression que c'est de notre faute. Uniquement.

Nous nous critiquons de ne pas avoir su assez l'aimer, de ne pas avoir pris assez de temps pour savourer notre relation. Et cela nous torture. Notre culpabilité nous mine, nous dévalorise et nous rend irritables avec tout le monde.

Je me sens vraiment seul

«*J'ai l'impression que personne ne comprend vraiment ce que je vis*», «*Il était le seul à me connaître vraiment*», «*C'est elle qui s'occupait d'entretenir toutes nos relations; maintenant je suis très isolé*».

La mort de l'être cher induit souvent un intense sentiment de solitude. Nous avons l'impression que personne ne pourra plus nous comprendre aussi intimement, que le vide à combler est immense, qu'une telle complicité ne pourra jamais être revécue avec quiconque.

Nous pouvons aussi avoir l'intense sentiment d'avoir été abandonnés par l'être cher, qu'il nous a lâchement laissés à notre vie de stress, de tristesse, de souffrance alors que lui ne souffre plus. Et cela nous fait tellement mal.

Nous avons quelquefois l'impression que notre entourage est distant et même indifférent à notre détresse. Et cela nous blesse profondément. En fait, il est souvent pétrifié par la nouvelle. Sous le choc, il ne sait pas trop comment réagir. Notre famille, nos amis ne voient pas trop comment ils pourraient nous aborder. Ils ont peur d'être maladroits et d'aggraver notre peine s'ils mentionnent sa mort, ou de paraître minimisants s'ils parlent d'autre chose. Ils se demandent s'ils ont le droit de nous montrer leur tristesse, leur colère. Et puis ils se sentent gênés de ne pas vivre un tel drame.

Certains sont très mal à l'aise quand ils nous sentent malheureux : cela les gêne, ils ont le sentiment d'être incompétents. Ils sont incapables de nous soutenir sans être bouleversés. Ils se sentent empotés... et plusieurs le sont vraiment. Cela les fait s'éloigner. Ils espèrent un appel de notre part, car ils ne savent pas trop comment nous aborder. Ils ont peur de déranger, de s'imposer. Quelquefois, cela crée une réelle distance entre nous, car nous attendons qu'ils nous appellent, alors qu'eux attendent un signe de notre part.

Il peut arriver que nous contribuions nous-mêmes inconsciemment à notre sentiment de solitude : notre désir de vivre notre peine nous pousse à refuser des invitations, à déserter les activités du passé ou à adopter une distance face aux autres qui s'accentue avec le temps. Notre honte peut aussi contribuer à notre solitude : nous craignons le regard des autres ou leur jugement potentiel, alors nous nous retirons. Ou encore nous nous mettons à croire qu'il n'y a plus de place pour nous dans notre réseau d'amis. Il peut même nous arriver de penser que nous sommes trop tristes, ennuyants ou sombres et qu'il nous faut protéger les autres de notre présence malsaine.

Il est possible aussi que notre relation avec le défunt ait limité notre réseau. Nous réalisons que nous avions beaucoup investi dans cette relation en nous coupant de certains contacts nourrissants. Maintenant qu'il est décédé, serait-il possible de recréer ces liens ?

Je me sens très anxieux

« Je suis terrifié par tout le poids des responsabilités à l'égard des enfants qui m'incombent maintenant qu'elle est morte. Comment vais-je y arriver ? », « Je ne me suis jamais occupée de l'entretien des voitures auparavant ; est-ce que je serai assez forte pour faire cela toute seule ? », « Qu'est-ce qui m'attend dans le futur ? J'ai peur de vieillir seul, qui va s'occuper de moi ? », « Et les comptes ? Il s'est occupé des finances durant toute la durée de notre mariage, je ne connais rien de notre situation ».

Si on conçoit bien qu'on vive de la tristesse à la suite d'un décès, on oublie que le deuil est aussi teinté de beaucoup d'anxiété. Sa mort chamboule complètement le cadre que nous avions établi et exige de nous une grande dose d'adaptation : notre routine est bouleversée, nos tâches quotidiennes sont remises en question, nos responsabilités sont accrues alors que notre capacité à y faire face est à son plus bas.

Bref, c'est un terrain propice à la peur : peur de l'avenir, peur de ne pas être à la hauteur, peur de ne pas y arriver, peur des nouveaux rôles qui nous attendent.

Car les lendemains du décès comportent une grande dose d'incertitude : nous sommes face à l'inconnu. Et notre anxiété peut se manifester par des palpitations, de la difficulté à dormir, une fébrilité ou de l'irritabilité chroniques, une tension corporelle et un sentiment constant de panique. Ces réactions sont courantes, inoffensives et temporaires ; l'anxiété est inconfortable, mais elle n'est pas dangereuse. Le corps est simplement activé, car il se mobilise pour affronter des moments difficiles. Mais, avant que notre corps s'apaise, que notre monde arrête de tanguer, nous vivrons des sensations physiques d'anxiété inoffensives mais désagréables.

Une partie essentielle de moi est morte avec l'autre

«Avec sa mort, j'ai perdu le sens de mon existence, ce qui me poussait à vivre», «Je ne sais plus qui je suis si l'autre n'est plus là».

Le décès de l'être cher peut remettre brutalement en question notre vision de nous-mêmes et le sens que nous accordions à notre existence. Pour certains, ce bouleversement de leur identité peut être brutal : *«En perdant mon seul enfant, qui suis-je maintenant ?», «Je ne veux pas être une "veuve" mais, sans mon mari, je suis quoi ?».*

L'impression d'être amputés, dépossédés d'une partie essentielle de ce qui nous définissait est très douloureuse. Elle s'accompagne souvent de beaucoup d'anxiété. En effet, devoir se redéfinir, repréciser son essence malgré le drame est profondément déstabilisant. Notre équilibre est rompu et, avant que nous le retrouvions, nous nous sentirons en flottement, en recherche de nous-mêmes. Et cela peut donner le vertige et des palpitations.

Cela peut aussi induire beaucoup de tristesse chez nous : notre vie nous semble sans intérêt, nous avons l'impression de ne plus avoir de but, d'utilité, de «mandat». Le sens de notre existence s'imposera de nouveau à nous prochainement mais, pour le moment, il nous échappe. Et c'est angoissant.

Je me sens déloyal à son égard

«Je me sens coupable de ne pas penser à lui constamment, et quand cela m'arrive, je me sens fautif. Alors, je m'impose de le garder en tête en tout temps», «Je me sens indigne, minable de ne pas "porter son deuil" à la perfection. Des fois, je me dis que si je ne souffre pas quotidiennement, c'est que je ne l'aimais pas vraiment, et cela me fait encore plus mal».

Nous pouvons nous sentir déloyaux de poser certains gestes à la suite de sa mort : vendre la maison, sortir un soir pour une activité, éclater de rire soudainement, participer à une fête ou partir en voyage.

Mais nous pouvons aussi nous sentir déloyaux en raison de notre attitude intérieure : coupable de ne pas penser à l'autre sans arrêt, coupable de ne pas souffrir constamment, coupable de ressentir de la légèreté pendant un bref moment, coupable de sentir de l'attrait pour un loisir ou pour une autre personne.

Nous nous en demandons beaucoup et, souvent, c'est beaucoup trop. Nos exigences sont tyranniques. Comme si c'était notre dernier devoir envers l'être aimé. Comme si notre attitude devait en tout temps refléter l'ampleur de notre perte, de notre manque, de l'étendue de notre amour envers cette personne.

Ces exigences de loyauté que nous nous imposons peuvent aussi être le moyen que nous avons trouvé pour nous punir, pour nous faire mal ou pour nous cloîtrer dans la douleur et dans son souvenir.

J'ai honte de sa mort

«Mon être aimé est mort de façon déshonorable, et cela sonne à mes oreilles comme une condamnation. Cette honte teinte ma peine, elle me pousse à me retirer, elle m'empêche de vivre mon deuil au grand jour.»

Pour certains d'entre nous, sa mort est non seulement teintée de tristesse, mais aussi de honte : lorsque notre fils est mort dans un accident alors qu'il était sous l'effet de l'alcool ; lorsque notre fille est décédée par suicide ; lorsque notre mari est mort assassiné par un groupe criminel ; lorsque notre fille a été tuée par notre ex-conjoint après que nous lui avions annoncé notre séparation ; ou alors lorsque notre fils a tué des membres de sa famille avant de s'enlever la vie.

Or, comment pleurer notre manque de cette personne alors que socialement *«il a obtenu ce qu'il mérite»* ou qu'*«il est un lâche»* ou alors qu'*«il est un ignoble assassin»* aux yeux de tous ?

Pour nous, les funérailles sont alors un supplice teinté de honte et de solitude. Nous nous sentons humiliés, anxieux du jugement de notre entourage. Et cela nous oblige à de la retenue, par peur de nous faire juger, de recevoir des phrases dures et blessantes, de nous faire minimiser notre perte. Cela peut aussi nous pousser à mentir sur les vraies causes du décès, mais cela crée alors de lourds secrets de famille malsains. Comment espérer du soutien, de la compréhension quand notre être aimé a commis des gestes répréhensibles avant de mourir ? Ou quand sa mort est teintée d'un tabou social ?

J'ai honte de me sentir ainsi

«Je ne peux pas croire que j'ai de la colère envers elle, je me sens mal de cela», *«J'ai honte de le dire... mais je me sens libérée par sa mort. Je me trouve ignoble, c'était mon père tout de même».*

Sa mort peut entraîner de la honte chez nous parce que nous ressentons des émotions contradictoires avec les réactions de deuil attendues : comme de la colère. Ou parce que nous nous sentons libérés de la personne décédée alors qu'elle faisait pourtant partie de notre famille.

Les relations avec les parents (ou entre frères et sœurs) sont rarement idéales, harmonieuses et bucoliques. Au contraire, elles sont souvent teintées de compétition, d'envie et de rejet. Et elles peuvent nous avoir profondément blessés dans le passé. Parce que nous n'avons jamais été investis à notre juste valeur. Parce que nous pouvons y avoir subi des injustices, des actes déloyaux, des trahisons de toutes sortes. Parce que nous y avons peut-être été victimes de violence psychologique ou d'agressions physiques ou sexuelles graves. Les blessures laissées par ces relations peuvent être profondes et très douloureuses.

Conséquemment, il est possible que sa mort induise un sentiment de libération : libération de ne plus avoir à souffrir dans cette relation malsaine, de ne plus nous sentir constamment en compétition ou dévalorisés, de ne plus avoir à entendre ces phrases assassines, dénigrantes ou perverses ; libération de ne plus être constamment en quête d'amour, de reconnaissance et d'être constamment déçus ou trahis ; libération que notre agresseur soit enfin mort et que nous n'ayons plus à le craindre constamment.

Dans ce type de relation, si nous ressentons du chagrin, celui-ci peut découler de notre tristesse de ce que nous *«aurions tant voulu qui soit mais qui ne sera jamais»*, plutôt qu'entraînés par le manque de cette personne dans notre vie. On se sent pourtant comme un monstre de ne pas ressentir la tristesse que *«nous devrions ressentir»* devant la mort de quelqu'un de notre sang.

On oublie alors que notre famille nous a été imposée et que nous ne l'avons en rien choisie. Partager les mêmes gènes n'est nullement garant de notre compatibilité de caractère avec notre parenté. Des membres de notre famille peuvent être narcissiques, égoïstes, manipulateurs, contrôlants, pervers ou violents, et quelquefois tout ce qui précède en même temps. La mort peut donc être une délivrance légitime d'une relation horrible et destructrice.

Une petite recommandation...

Nous venons de passer en revue les diverses réactions possibles à la suite d'une perte bouleversante. Vous trouverez à la page suivante un tableau qui vous permettra de vous référer aux chapitres qui les ciblent particulièrement. Vous y trouverez informations, conseils et, je l'espère, apaisement.

Mais si vous sentez votre souffrance trop intense, si votre état s'aggrave, songez à consulter un médecin et un psychologue. Votre médecin évaluera votre état de santé physique et psychologique et envisagera avec vous si une aide médicamenteuse pourrait vous soulager. Un psychologue spécialisé en traitement du deuil vous donnera beaucoup d'informations sur le sujet, il adaptera les stratégies de traitement à votre réalité toute personnelle et vous offrira toute la bienveillance, la douceur, le soutien et l'expertise nécessaires pour maximiser votre cheminement.

Vous n'avez pas à souffrir seul. Ils sont là pour vous...

Quelles sont mes réactions
les plus significatives?

Voici les réactions de deuil que nous venons de décrire. Si vous cochez la colonne *Cette réaction me ressemble beaucoup*, vous trouverez dans la colonne de droite le chapitre qui pourrait particulièrement vous aider, et ce, en plus des chapitres 3, 9 et 10.

	Cette réaction me ressemble beaucoup	Ce chapitre pourrait particulièrement m'aider
Non, je ne veux pas!		4
Je le recherche partout.		6
Je l'attends toujours...		6
Je me sens détaché et engourdi.		4
Je me sens tout le temps enragé.		4
Je suis submergé par des images liées à son décès.		7
J'évite des éléments associés à sa mort.		7
Je me sens tellement coupable.		5
Je me sens vraiment seul.		8
Je me sens très anxieux.		4
Une partie essentielle de moi est morte avec l'autre.		8
Je me sens déloyal à son égard.		5
J'ai honte de sa mort.		4
J'ai honte de me sentir ainsi.		4

Chapitre 3

Ma perte est unique

Que sont mes amis devenus
Que j'avais de si près tenus
Et tant aimés? [...]
Ce sont amis que vent emporte,
Et il ventait devant ma porte,
Les emportant.

Rutebeuf (1230-1285)

«Comment se fait-il que sa mort m'affecte autant?», «Qu'est-ce qui fait que je me sente à ce point anéanti, et ce, depuis si longtemps? Je ne me comprends pas...», «Pourquoi ai-je l'impression que je ne me sortirai jamais de cette souffrance?».

À la suite de sa mort et devant l'intensité de notre propre détresse, nous pouvons nous demander pourquoi cette perte nous bouleverse autant, pourquoi nous nous sentons si mal, si torturés, si abattus présentement alors que nous avons déjà vécu des deuils plus sereins dans le passé. Comment expliquer l'intensité de notre réaction actuelle?

Chaque relation a son histoire. Conséquemment, chaque mort est unique. Et certaines pertes comportent des particularités qui peuvent aggraver notre détresse.

Afin de mieux comprendre notre réaction, nous devons envisager le rôle de trois types de facteurs: les facteurs *déclencheurs* (stresseurs qui étaient présents lors de sa mort), les facteurs *pré-traumatiques* (ceux qui étaient présents bien avant son décès) et les facteurs de *maintien* (ceux qui sont apparus depuis sa mort et qui aggravent notre souffrance).

La combinaison de ces trois types de stresseurs, personnelle à chacun de nous, va influencer la gravité et la durée de notre convalescence.

Le fait de connaître les facteurs aggravants qui nous sont propres nous permettra de mieux comprendre pourquoi nous réagissons ainsi actuellement. Cela nous permettra aussi de déterminer ce qui a contribué à rendre notre perte si significative et notre deuil si douloureux.

Cela pourrait également constituer une merveilleuse occasion pour nous considérer avec plus d'indulgence. Car nous ne sommes pas en détresse « pour rien ». Nous avons rarement des réactions « anormales ». Et mieux nous comprendre nous permettra de nous considérer avec plus de douceur...

Répondez au questionnaire suivant en déterminant les stresseurs qui s'appliquent à vous. Ensuite, vérifiez avec le texte qui suit s'ils vous concernent bien et si vous pensez que, effectivement, ils contribuent à expliquer votre réaction actuelle.

Facteurs de stress pouvant aggraver ma réaction de deuil

Prenez quelques minutes pour lire les énoncés qui suivent et déterminer ceux qui s'appliquent à vous ou non.

FACTEURS POUVANT AGGRAVER MON DEUIL	NON	OUI
Facteurs présents *lors de* son décès		
1. J'ai perdu une personne importante et très significative pour moi.		
2. Sa mort était totalement imprévisible et nous n'avons pas pu nous dire au revoir.		
3. Sa mort a été causée par la main d'un autre être humain.		
4. J'ai été témoin de sa mort, ou j'ai vu son corps ou la scène de mort. Ou certaines paroles ou gestes posés par le personnel d'urgence ont été bouleversants.		
5. Les circonstances de sa mort ont été violentes, horribles ou honteuses.		
6. Les circonstances de sa mort ont été médiatisées.		
7. Je me suis senti déconnecté, dissocié lors de son décès ou lorsque j'ai appris sa mort.		

Facteurs présents *avant* son décès	NON	OUI
8. Cette relation donnait un sens à ma vie et contribuait beaucoup à mon identité.		
9. J'entretenais probablement une dépendance affective, financière ou technique avec cette personne.		
10. Ma relation avec cette personne était conflictuelle et pleine de non-dits, de tensions ou de blessures passées.		
11. Mes derniers moments en sa compagnie n'ont pas été tels que j'aurais voulu qu'ils soient.		
12. Je pense établir des relations selon un mode d'attachement anxieux ou évitant, ou j'ai toujours eu beaucoup de difficulté avec les séparations ou les adieux.		
13. J'ai toujours jugé les émotions comme un signe de faiblesse et j'ai toujours tenté de les refouler ou de les éviter.		
14. En général, je m'adapte très mal au changement et au stress.		
15. Je considérais la vie comme profondément juste avant sa mort.		
16. Je considérais les gens comme fondamentalement bons et je leur faisais facilement confiance avant.		
17. J'ai vécu de nombreux événements stressants dans l'année qui a précédé sa mort.		
18. Je me sentais déjà déprimé ou anxieux avant sa mort.		
19. Cette mort comporte des similitudes avec une perte passée que j'ai déjà vécue mais que je n'ai jamais acceptée.		
Facteurs présents *depuis* son décès		
20. Mon entourage n'est pas supportant à mon égard.		
21. Je n'ai pas le statut d'endeuillé et je n'ai pas pu pleurer publiquement cette personne.		
22. J'ai dû assumer beaucoup de responsabilités depuis (rites funéraires, exécuteur testamentaire, vente des biens) et cela a été stressant et épuisant.		
23. La séparation des biens a provoqué des tensions déchirantes au sein de ma famille.		
24. Je suis actuellement témoin des procédures judiciaires liées à sa mort.		

Facteurs présents *depuis* son décès *(suite)*		
25. Ma relation de couple est en crise actuellement.		
26. Mes relations familiales ou amicales sont très insatisfaisantes.		
27. Mes relations au travail ou mon emploi sont hypothéqués actuellement.		
28. Je me sens coupable ou honteux face à sa mort.		
29. Je vis actuellement des événements supplémentaires très stressants.		
30. J'attends toujours la preuve tangible de sa mort.		

Cotation du questionnaire :

Nombre de facteurs aggravants au total : _____ sur 30.

Plus notre nombre de facteurs se rapproche de 30, plus notre niveau de stress est intense, et plus notre convalescence pourra être longue et souffrante.

Analyse des facteurs par sous-section :

- Nombre de facteurs aggravants présents *lors de* sa mort : _____ sur 7. Votre cote × 100 divisé par 7 = _____ %.

- Nombre de facteurs aggravants présents *avant* sa mort : _____ sur 12. Votre cote × 100 divisé par 12 = _____ %.

- Nombre de facteurs aggravants présents *depuis* sa mort : _____ sur 11. Votre cote × 100 divisé par 11 = _____ %.

Quelle sous-catégorie contribue le plus à aggraver votre détresse : les facteurs déclencheurs, pré-traumatiques ou de maintien ?

À votre avis, quel est *le* facteur (parmi les trente) qui nuit le plus à votre convalescence ?

Les facteurs aggravants présents *lors* de sa mort

Les premiers éléments qui ont influencé notre détresse actuelle constituent les facteurs **déclencheurs**, c'est-à-dire tous les stresseurs qui étaient présents lors de son décès.

Mentionnons d'abord **l'importance de notre perte**. Car, évidemment, plus cette personne était significative pour nous et centrale à notre bonheur et à notre identité, plus notre deuil sera souffrant, et plus nous nous sentirons bouleversés, et en manque.

Les **circonstances de sa mort** vont naturellement nous affecter profondément. Le fait qu'elle ait été imprévisible nous perturbera, car nous n'avons pas eu le temps de nous préparer à son départ et de nous dire au revoir. Cela nous a pris totalement par surprise et tant de choses restent en suspens. De plus, si sa mort a été violente, horrible ou honteuse, si nous imaginons que notre être aimé a souffert ou s'il s'agit d'une mort contre-nature, cela augmentera le potentiel traumatisant de cet événement.

Le fait que sa mort ait été causée par la **main d'un autre être humain** constitue un autre facteur aggravant. En effet, à l'inverse d'une mort causée par un *act of God*, telle une catastrophe naturelle, il s'agit d'une mort qui (mais pas toujours) a impliqué une intention malveillante. Et cela peut bouleverser profondément notre conception de la nature humaine (*«Comment un être humain peut-il être capable d'une telle violence? Comment peut-on agir ainsi?!»*). Notre vision des autres, notre vision du monde sont totalement remises en question. Et c'est déstabilisant. De plus, il s'agit d'un décès qui aurait pu être évité. Et cela nous torture: *«Si cette personne n'avait pas fait ce geste, mon être cher serait encore en vie!»* Dans ce type de décès, nous pouvons ressentir un intense besoin que la personne impliquée dans sa mort reconnaisse sa part de responsabilité, qu'elle s'excuse, nous demande pardon ou qu'elle offre réparation. Cela nous soulagerait tellement, il nous semble. Mais c'est rarement le cas, et nous restons avec un intolérable sentiment d'injustice au fond du cœur.

Si nous avons **été témoins** de sa mort (ou si nous avons vu son corps ou la scène où cela a eu lieu), il est possible que cela nous perturbe profondément. Des images peuvent s'imposer soudainement à notre esprit. Des détails peuvent induire des cauchemars et affecter négativement notre sommeil. Ces réactions post-traumatiques compliquent notre deuil et contribuent à le rendre plus souffrant.

Lorsque sa mort a été **médiatisée**, nous pouvons nous sentir plus ébranlés. En effet, comment vivre notre deuil sereinement quand notre vie privée a été violée? Quand la nouvelle a été traitée comme un fait divers alors que c'était là le pire événement de notre vie? Quand nous avons enduré des images en boucle à la télévision et l'attitude intrusive de certains journalistes peu scrupuleux?

Enfin, la **réaction émotionnelle que nous avons eue** lors de sa mort (ou lorsque nous avons appris la nouvelle) pourrait aggraver notre détresse à long terme. Ainsi, on sait que vivre des symptômes de dissociation sur le coup est souvent associé à davantage de réactions post-traumatiques par la suite. Les symptômes de dissociation désignent des réactions d'état de choc au cours desquelles nous sentons une altération de notre contact avec la réalité: nous pouvons nous sentir déconnectés des choses autour de nous, avoir l'impression que le monde qui nous entoure est irréel, que notre esprit est détaché de notre corps, que nous sommes coupés de nos émotions, que nous flottons au-dessus de la scène ou que la course du temps s'accélère ou ralentit. Ces réactions sont inoffensives et temporaires, mais elles témoignent de l'intensité de notre choc. Il a été trop intense, trop bouleversant. Indigeste. Et notre corps s'est déconnecté pour moins souffrir. Mais le fait que nous ayons dissocié est associé à davantage de symptômes post-traumatiques par la suite, et peut donc rendre notre deuil plus douloureux.

Les facteurs aggravants présents *avant* sa mort

Sa mort n'est pas arrivée dans un terrain vierge; nous l'avons vécue, interprétée, encaissée et nous y avons réagi selon nos spécificités toutes uniques: les caractéristiques de notre relation passée avec le défunt, nos traits de personnalité, notre histoire traumatique antérieure, notre conception de la vie, notre état psychologique juste avant son décès. Les facteurs de stress appartenant à ce groupe étaient déjà présents avant sa mort, mais ils vont influencer l'intensité de notre réaction à celle-ci.

D'abord, les **caractéristiques de notre relation passée**, c'est-à-dire l'importance que l'autre avait pour nous, le fait que cette relation donnait un sens à notre vie, qu'elle comblait chez nous des aspirations essentielles ou qu'elle contribuait beaucoup à notre identité, rendent notre perte plus déchirante. Et plus nous avions investi dans cette relation, plus notre souffrance risque d'être intense.

Si notre relation était, en plus, teintée de **dépendance**, cela risque d'empirer notre désarroi au moment de sa mort : dépendance affective (*«J'avais besoin d'être constamment à ses côtés et j'étais prête à tous les compromis pour qu'il m'aime»*), financière (*«Je n'ai jamais été indépendante financièrement et il représentait cette sécurité dont j'ai tellement besoin»*) ou technique (*«C'est elle qui entretenait tout notre réseau social et qui s'occupait de tout : la maison, les enfants, la cuisine. Sans elle, je ne suis rien et je ne fonctionne pas»*). Ces enjeux relationnels vont influencer la façon dont nous allons réagir à sa mort. Car ce n'est pas seulement cette personne que nous perdons, mais aussi tout ce qu'elle pouvait combler comme insécurités personnelles. Son départ peut faire remonter nos peurs et un intense sentiment d'incompétence.

Il est possible que ce soit plutôt tous les **enjeux relationnels non réglés** qui aggravent notre détresse. Comment bien accepter cette perte alors que notre relation était conflictuelle, pleine de non-dits ou de blessures passées ? Si notre relation avec le disparu était malsaine, emplie d'un sentiment de trahison ou de déloyauté, minée par des agressions passées, sa mort ne guérira pas miraculeusement nos blessures. Au contraire, le sentiment d'avoir manqué un rendez-vous de plus avec l'autre peut être exacerbé. Et notre deuil de ce *«que l'on aurait tellement aimé qui soit et qui ne sera jamais»* pourra être très douloureux.

Les **derniers moments que nous avons passés** avec l'autre peuvent constituer des facteurs aggravants, car nous allons les analyser, les décortiquer et ils ont de fortes chances d'induire d'intenses sentiments de culpabilité. Nous interpréterons nos gestes anodins, nos phrases légères, notre attitude un peu négative de façon particulièrement critique à la lumière de sa mort. Nous aurons tendance à nous juger de façon injuste et impitoyable.

Nous réagirons à sa mort avec tout ce que nous étions, tout ce que nous sommes. Et nos traits de personnalité auront le pouvoir de nous aider ou de nous nuire à ce sujet. Trois caractéristiques de notre personnalité seront particulièrement sollicitées : nos modes d'attachement relationnel, notre capacité de contact avec nos émotions et nos habiletés d'adaptation au stress.

La façon dont nous établissons nos relations influencera notre convalescence. C'est ce que nous appelons dans notre jargon les **modes d'attachement**. Ils sont au nombre de trois. Il y a d'abord le mode sécure (*«Je suis à l'aise avec mes émotions, dans mes relations affectives et dans l'intimité. Je suis capable de m'abandonner tout en ayant confiance en moi et en l'autre»*). C'est le mode relationnel qui favorise un processus de deuil sain et plus harmonieux. Cependant, si nous avons plutôt tendance à lier des attachements anxieux (*«J'ai peu confiance en moi et dans l'autre, et je suis trop en fusion ou trop dépendant de l'autre. Je suis inquiet et souvent déçu de l'attitude des autres, car ils ne sont pas aussi proches de moi que j'aimerais»*) ou des attachements évitants (*«J'évite les émotions, les relations affectives ou l'intimité ; je ne pense pas en avoir besoin et je n'ai pas confiance aux autres»*), notre deuil risque d'être plus souffrant. Comment pourrions-nous qualifier nos capacités d'attachement ? Pouvons-nous nous investir de façon sincère et exclusive avec une autre personne ? Sommes-nous à l'aise de partager notre monde intérieur en toute confiance ? Comment réagissons-nous habituellement lors de séparations, de départs ou d'adieux ?

Le deuil est un processus de digestion émotionnelle. Il s'agit d'intégrer une expérience douloureuse, et ce, de façon authentique et connectée. Conséquemment, **notre relation avec nos émotions** influencera profondément notre convalescence. En général, sommes-nous à l'aise avec elles ? Sommes-nous plutôt intenses ou plutôt retenus émotivement ? Essayons-nous de refouler constamment nos émotions et de paraître «en contrôle» ou les laissons-nous aisément monter en nous ? Notre processus de deuil demandera que nous puissions nous laisser toucher par l'impact de sa mort, que nous contactions les émotions que celle-ci évoque en nous, puis que nous tentions de les reconnaître, de les accepter et de les exprimer. Notre contact avec notre monde émotionnel sera crucial.

Enfin, nos **habiletés d'adaptation au stress** seront très aidantes ou, au contraire, induiront chez nous un profond sentiment d'impuissance. Car, à la suite de sa mort, nous devrons (beaucoup!) nous adapter : à son absence, à notre nouvelle réalité, à nos nouvelles responsabilités, à notre souffrance. En général, comment réagissons-nous face au changement et au stress? Sommes-nous portés à dramatiser les choses ou, au contraire, à les considérer à leur juste valeur? De quoi a l'air notre capacité habituelle de résolution de problème? Notre confiance en nous?

Toutes ces caractéristiques de notre personnalité vont nécessairement influencer nos réactions à sa mort : nous aideront-elles ou aggraveront-elles notre détresse?

Sa mort a pu bouleverser certaines **conceptions fondamentales** qui nous étaient chères et qui nous définissaient auparavant («*Moi qui ai toujours cru en Dieu, je me sens maintenant profondément trahi par lui*», «*J'ai toujours pensé que la vie était juste; mais alors, qu'ai-je fait pour mériter cela?!*», «*Pour moi, l'être humain était fondamentalement bon. Quel choc cela a été lorsqu'il a été assassiné! C'est la première fois que j'étais confronté au Mal*»). Cette confrontation sur le plan de nos valeurs, de nos convictions n'est pas anodine : elle ébranle profondément, elle déséquilibre. La vie ne nous paraît plus telle qu'elle était. Les gens ne semblent plus comme avant. Comment comprendre notre monde alors que nos certitudes les plus ancrées ont été ébranlées par sa mort? Cette remise en question profonde de notre vision des choses peut ajouter une souffrance importante à notre deuil.

Évaluez aussi la **présence d'événements stressants** dans l'année qui a précédé son décès. Où se classent-ils sur une échelle de stress? Ainsi, des tensions amoureuses, un stress financier, une condition physique défaillante, une perte d'emploi, un milieu de travail empreint de tensions ou un déménagement constituent des événements stressants qui peuvent nous fragiliser. Lorsque la mort survient, nous sommes déjà ébranlés, découragés ou peut-être même anxieux et déprimés. Nos capacités d'adaptation sont déjà épuisées. Nous serons d'autant plus sensibles au choc.

Enfin, il peut arriver que sa mort réactive une **perte que nous avions déjà vécue** mais que nous n'avons jamais acceptée. Des souvenirs et des émotions reliées à ce décès douloureux passé peuvent ainsi s'ajouter à notre deuil actuel et aggraver notre détresse. Notre passé traumatique peut refaire surface à cause de sa mort et réactiver des blessures profondes et douloureuses.

Les facteurs aggravants présents *depuis* sa mort

Depuis son décès, nous avons vécu toutes sortes d'événements, d'expériences, de relations. Certains nous ont aidés et apaisés, mais d'autres ont été vraiment stressants et ont pu empirer notre état.

Le premier facteur à considérer constitue le **soutien de notre entourage**. Comment ont réagi notre conjoint, les membres de notre famille, nos amis, nos collègues à notre égard ? Cela a-t-il été aidant, décevant, destructeur ? L'attitude des gens qui nous entourent est-elle douce et compatissante, ou au contraire pleine de critiques, de jugements, de phrases assassines ? Car leur soutien est très significatif à la suite de notre perte : il aura le pouvoir de nous aider à traverser cette épreuve ou de nous nuire profondément.

Comment se sont passés les **rites funéraires** ou les tâches liées au deuil ? Est-ce que nous avons dû nous occuper de l'organisation des rites, du partage testamentaire, de la séparation des biens ? Ces tâches sont très éprouvantes et elles exigent beaucoup de temps, de rigueur, d'énergie. Nous pouvons nous sentir dépossédés de notre deuil en raison de ce tourbillon de responsabilités. Ce sont aussi des tâches très ingrates qui prêtent flan à la critique et au jugement négatif d'autrui, alors que nous avons simplement tenté de faire pour le mieux.

Le **statut que l'on nous a accordé** lors de sa mort influencera aussi notre cheminement. Ainsi, certains d'entre nous n'ont pas pu pleurer leur perte: *«L'homme que j'aimais est décédé mais, comme notre relation était secrète et que je suis mariée à quelqu'un d'autre, je ne pouvais pas me rendre aux funérailles»*, *«Sa famille n'a jamais accepté qu'il soit gai et nous cachions notre amour. Quand il est mort, je n'ai eu aucun statut d'endeuillé»*, *«Mon père est mort mais je n'ai jamais pu le pleurer: j'habitais chez ma mère qui le détestait profondément depuis leur divorce»*. Nous devons quelquefois vivre notre deuil dans le plus grand secret, car notre relation avec le défunt était taboue, méprisée ou interdite. Inutile de mentionner combien cela peut constituer un facteur aggravant dans notre deuil.

Est-ce que des **poursuites judiciaires** ou criminelles ont suivi sa mort et s'étirent maintenant interminablement, péniblement? Ces procédures peuvent constituer une véritable torture. Elles peuvent nous obliger à témoigner et à voir des images ou à entendre des détails dont nous nous serions bien passés. Elles peuvent aussi nous faire vivre beaucoup de colère, d'amertume et un sentiment d'injustice extrêmement bouleversants.

De quoi ont l'air les **stresseurs** qui se sont ajoutés à notre vie depuis sa mort, sur les plans affectif, relationnel, financier, physique et professionnel? Ces stresseurs ne sont pas anodins; ils constituent des facteurs supplémentaires de stress, de fatigue, de tension, qui peuvent aggraver notre convalescence.

Soyons attentifs aux **pensées et à l'interprétation des choses** que nous entretenons et qui peuvent nous dévaster, et ce, à tort. Penser que nous ne serons pas capables de traverser cette épreuve, que nous sommes indignes d'être aimés, que nous méritons ce qui s'est produit, que tout est notre faute ou encore que l'avenir est menaçant affectera profondément notre moral, même si tout cela est faux. Ces pensées ne sont pas anodines: elles ont beaucoup d'impact. Elles minent notre moral, nous dévalorisent, nous découragent, détruisent notre estime de soi, et ce, même si elles sont exagérées, déformées ou carrément erronées.

Enfin, le dernier facteur aggravant possible constitue *l'absence de corps*. Ne pas voir ou toucher sa dépouille, savoir qu'elle n'a jamais été retrouvée peut nous empêcher d'admettre et d'accepter sa mort. Nous attendons inconsciemment une preuve tangible de sa disparition et nous pouvons entretenir des scénarios niant son décès. Nous ne pouvons pas boucler notre relation et nous ne sommes pas en mesure d'amorcer notre deuil. Nous sommes en attente, et c'est extrêmement douloureux.

Maintenant que nous avons passé en revue les facteurs aggravants les plus courants, évaluez votre conjonction de facteurs, qui vous est toute personnelle, et tentez de comprendre votre réaction actuelle : *« Quels sont les facteurs les plus marquants dans mon cas ? Quels sont ceux que je pourrais modifier afin de faciliter mon cheminement et m'enlever du stress ? »* Et puis, surtout, permettez-vous de vous considérer avec bienveillance, douceur et compréhension...

CHAPITRE 4

Me laisser ressentir

Rien à présent ne peut plus me faire de mal.

Marie-Antoinette
Prison du Temple, août 1793

La mort nous a frappés et depuis, la souffrance nous a envahis. Elle s'est installée, lancinante, constante. Et elle s'impose par montagnes russes émotionnelles ; nous pouvons ressentir plusieurs émotions, quelquefois complètement incompatibles, en même temps : de la tristesse, de la colère, de l'amertume, un sentiment d'injustice, de trahison, d'abandon, de culpabilité, de la honte, de l'impuissance, de la peur ; et nous fluctuons entre celles-ci allègrement. Notre univers émotionnel est en extrême mouvance.

L'intensité de notre douleur peut nous effrayer : *«Suis-je en train de perdre la tête ?», «Pourrai-je supporter cette souffrance encore longtemps ?».* Certaines émotions peuvent s'imposent sous forme de bouffées intenses et imprévisibles qui nous submergent et nous étonnent : *«Cela fait plusieurs semaines que cela allait mieux, pourquoi une telle peine soudainement ?», «Je pensais en être sorti, pourquoi ce sentiment de révolte après tout ce temps ?».*

À l'inverse, certaines fois nous nous sentons complètement engourdis : longs moments où nous ne ressentons rien, où nous sommes indifférents à tout ce qui se passe autour de nous et où nous craignons de ne plus jamais pouvoir ressentir de nouveau. Nous sommes gelés, déconnectés de nous-mêmes et de notre quotidien. Éteints.

Le processus de deuil n'est pas linéaire; il inclut de nombreuses montées et descentes, des va-et-vient et des moments pendant lesquels on pense régresser, alors que tout cela est souvent un signe que l'on évolue à notre rythme, à notre façon.

En cette période douloureuse de notre deuil, nos habiletés émotionnelles seront cruciales : elles nous aideront à traverser cette épreuve ou elles nous nuiront profondément. Quatre habiletés seront particulièrement importantes :

1. *Le contact avec nos sensations physiques.* L'écoute de soi, de nos sensations physiques et de notre monde intérieur est vitale dans un processus de deuil sain. C'est l'aptitude à nous laisser ressentir, c'est-à-dire à nous connecter à notre corps afin de prendre conscience de ce que nous vivons sur les plans physique et émotionnel.

2. *La spécification et l'appropriation de nos émotions sous-jacentes.* Il s'agit ici de pouvoir préciser les émotions qui nous habitent avec le plus de précision et d'authenticité possible.

3. *L'acceptation de nos émotions.* C'est notre capacité de considérer nos émotions comme légitimes et de pouvoir les accueillir avec indulgence sans les refouler, les minimiser ou les dénigrer.

4. *L'expression de nos émotions.* Celle-ci permettra un partage sain et constructif de ce que nous ressentons avec certaines personnes choisies.

Processus émotionnel sain

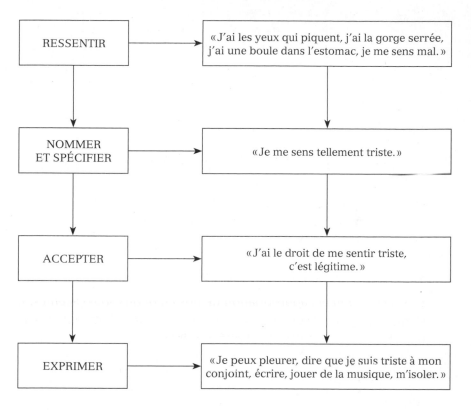

Soyons à l'écoute de nous-mêmes

L'écoute de soi est la première étape d'un processus émotionnel sain. Cela signifie être sensibles à notre monde intérieur, être attentifs à ce que notre corps ressent parce qu'il nous donne souvent de bons indices sur nos émotions sous-jacentes: *«Je réalise que j'ai une boule dans l'estomac», «Je ne vais pas bien. Je suis constamment tendue et crispée toute la journée», «Je me sens fébrile et agitée, j'ai des palpitations», «J'ai le menton qui tremble, les yeux pleins d'eau», «Je suis à fleur de peau», «Je manque de concentration dernièrement, je suis dangereux au volant», «Mon corps est gelé, je n'ai plus aucun désir».*

Demandons-nous de quoi a l'air notre contact avec nous-mêmes, avec notre corps. Car il se pourrait que, depuis son décès, nous nous soyons coupés de nos sensations physiques, que nous ayons déserté notre corps car il était trop souffrant. Prenons-nous facilement conscience que nous sommes tendus, fatigués, tristes ou irrités, ou est-ce que ce sont généralement les autres qui nous font réaliser comment nous nous sentons dans le fond?

Il peut arriver que nous utilisions inconsciemment la dissociation pour nous protéger d'une trop grande souffrance. Ce mécanisme psychologique nous donne l'impression de ne plus rien ressentir, d'être «sur le pilote automatique», de «flotter au-dessus de la scène», d'avoir une perception altérée du temps qui passe.

Il est aussi possible que nous adoptions un mode de vie qui fuit ce que nous ressentons: on s'étourdit dans des tâches professionnelles, on remplit son horaire de sorte à ne plus avoir à penser, on s'empêche de se laisser déposer. On est tenté par la drogue ou l'alcool, histoire de s'anesthésier pendant cette douloureuse traversée qu'est le deuil.

Nous pouvons donc avoir envie de couper le contact avec nos sens, notre corps et notre monde intérieur: ils sont trop douloureux ou trop inquiétants. Cette stratégie peut être saine à court terme mais, lorsqu'elle s'incruste, elle mène à un état de déni et maintient notre détresse. Il est si facile d'éteindre le contact avec nos sensations physiques désagréables, de nous traiter «par la dure», de nous étourdir dans le travail ou l'activité physique intense, d'utiliser la surintellectualisation pour nous distancier de notre ressenti. Bref, de nous déconnecter de ce qui palpite en nous.

Or, nous couper de notre corps, faire comme si nous ne ressentions rien ou nier nos émotions existantes ne les fera pas disparaître. Elles resteront aussi vives mais souterraines, non intégrées, et elles entraveront la digestion de notre perte. Nous ne pourrons pas cheminer.

Permettons-nous donc de nous laisser déposer et de laisser monter ce qui est. De laisser notre monde intérieur prendre sa place, se déployer. Entrons en contact avec ce que nous ressentons, car c'est ainsi que nous retrouverons notre équilibre.

Quel moyen pourrait nous aider à nous connecter émotivement? Le yoga peut-être? La massothérapie? Le tai-chi? La méditation? La danse? La pêche? La musique? Prévoir des moments dans la journée pour nous demander comment nous allons, vraiment? Tentons de trouver une façon personnelle afin d'entrer en contact avec nous-mêmes, avec authenticité, compassion et lenteur.

Précisons ce que nous ressentons

Une fois que nous avons établi ce contact avec notre corps, tentons maintenant de préciser le plus spécifiquement possible l'émotion que nous ressentons: «J'ai une boule dans l'estomac parce que j'ai peur de l'avenir», «J'ai le menton qui tremble parce que je suis émue», «Je me sens tendu parce que je suis révolté par la mort qu'il a subie», «Je manque de concentration parce que je crains constamment un autre drame. Je suis tout le temps en état d'alerte».

Pour certains d'entre nous, ce n'est pas l'étape précédente qui est difficile, mais bien celle-ci. Nous trouvons ardu de nommer, de définir, de préciser ce que nous éprouvons. Nous réalisons que nous n'allons pas bien, mais nous trouvons très difficile de mettre le doigt sur ce que nous ressentons exactement. Est-ce de la tristesse? Plutôt de l'amertume? Du découragement? Un sentiment d'avoir été abandonnés? D'avoir été trahis? Nous sommes confus...

En plus de trouver difficile de préciser ce qui nous habite, nous pouvons trouver ardu de nous l'approprier, c'est-à-dire d'en parler au «je». Nous avons plutôt tendance à utiliser le «tu», le «on» ou le «ça» en parlant pourtant de notre propre expérience: «Tu te lèves le matin et tu te sens très moche», «On se sent mal à ce moment-là», «C'est difficile à accepter, c'est tellement révoltant». Cette attitude induit une distance envers nous-mêmes et un manque de spécificité qui n'est pas aidant. Tentons plutôt de nous parler en utilisant des phrases qui débutent par «Je me sens...». Notez la différence si, plutôt que d'utiliser les phrases précédentes, nous nous disons plutôt: «Je me sens triste quand je me lève le matin», «Je me sens coupable à ce moment-là», «Je me sens révoltée *devant cette injustice».* N'est-ce pas beaucoup plus précis, plus spécifique et plus connecté à ce que nous ressentons?

Acceptons pleinement nos états émotionnels

Une fois que nous nous sommes connectés à notre monde intérieur et que nous avons précisé notre émotion sous-jacente, il nous faut maintenant l'accepter avec bienveillance. Nous pouvons gaspiller tellement d'énergie à refuser ou à critiquer ce que nous ressentons.

Non seulement cette attitude est inutile (l'émotion ne disparaîtra pas parce que nous la dénigrons), mais elle est néfaste puisqu'elle a comme conséquence d'augmenter notre détresse en ajoutant du blâme ou de la dévalorisation à des émotions *déjà* souffrantes.

Il importe d'accueillir ici ce qui nous habite. Et de nous donner le droit, pour le moment, de réagir ainsi: *«Je me sens en colère et c'est légitime»*, *«C'est normal que je me sente si fatigué»*, *«J'ai le droit de me sentir trahie par lui»*, *«Ce n'est pas un signe de faiblesse que de me sentir triste»*, etc. Sommes-nous capables d'accepter l'émotion qui nous envahit sans nous dévaloriser, nous blâmer ou nous critiquer? Pourrions-nous entretenir davantage d'indulgence envers nous-mêmes et avoir plus de respect pour ce que nous vivons? Tentons de manifester plus de compassion et d'empathie envers cette partie de nous qui est souffrante...

Nous entretenons quelquefois des attentes exagérées (*«Je vais m'en sortir facilement et sans chialer»*), des préjugés face à toutes les émotions (*«Être en contact avec ses émotions ne sert qu'à se plaindre»*) ou des jugements négatifs à l'égard de certaines émotions spécifiques (*«Avoir peur, ça manque de virilité»*, *«La colère, c'est laid»*, *«Pleurer est un signe de faiblesse»*, etc.). Et nous croyons que ces injonctions feront en sorte que nous traverserons le processus de deuil dignement et sans douleur. Nous dénigrons le contact émotionnel car cela semble gnangnan, fleur bleue ou psycho pop.

Or, la recherche et la clinique nous indiquent le contraire. Les endeuillés qui se permettent de ressentir et d'accepter pleinement leurs émotions traversent beaucoup plus sainement cette épreuve. Ils se connaissent bien. Ils savent comment ils réagissent sur les plans physique et émotionnel. Ils s'acceptent comme ils sont, sans complaisance mais avec indulgence. Et cela les aide à vivre leur deuil pleinement, authentiquement et sainement.

Être en contact avec ses émotions et les accepter ne signifie pas se centrer égoïstement sur soi, se complaire dans un rôle de victime ou régenter tout le monde autour de soi sous prétexte « qu'on ressent des émotions qu'on doit écouter ». Cela signifie plutôt être capable de se laisser déposer et de prendre conscience de ce qu'on vit intérieurement. Cela nous permet de viser une amélioration de notre bien-être en passant à l'action de façon proactive et responsable. Ainsi, nous sommes plus à même de nous autoapaiser avec bienveillance. Et cela facilite notre deuil ainsi que toutes nos relations avec notre entourage.

Exprimons-nous sainement

Ah, exprimer sainement ce que nous ressentons, chose souvent beaucoup plus facile à dire qu'à faire... et quelquefois bien floue. D'abord, que veut dire « exprimer » ? En fait, une émotion peut s'exprimer principalement de trois façons :

1. Par la démonstration non verbale émotionnelle (pleurer, crier, bougonner, rougir, suer, etc.);

2. Par la parole (*« Je me sens tellement en manque de lui »*, *« Ce que tu m'as fait hier m'a blessé »*, *« Je me sens frustré de la réponse de mon meilleur ami »*, *« Je me sens impuissant devant les événements »*, etc.);

3. Par le comportement (fuir certains endroits, donner un gros câlin, s'isoler, écrire une lettre, se recueillir sur sa tombe, inviter quelqu'un, etc.).

Pourquoi exprimer certaines émotions est-il important lors d'un processus de deuil ? Eh bien, pour plusieurs raisons. D'abord parce que partager ce que nous ressentons avec un entourage soutenant est vraiment apaisant et réconfortant. Recevoir une rétroaction compatissante nous donne le sentiment d'être compris et aimés, et c'est si bon. Entendre une autre façon de voir les faits clarifie quelquefois nos perceptions et élargit nos horizons. Et puis partager notre univers intérieur favorise la digestion émotionnelle de l'événement traumatique. Cela nous force à mettre des mots sur ce que nous ressentons, à exprimer notre pensée, à préciser ce qui nous habite. Cela nous permet d'assimiler, d'intégrer ce qui s'est produit. Bien sûr, il ne s'agit pas de nous dévoiler sans discrimination, et il convient de choisir avec soin le moment, le lieu et les gens à qui nous nous confierons. Mais lorsque cela est fait, l'expression saine favorise un deuil plus sain et plus souple.

Vous sentez-vous à l'aise de partager ce que vous vivez avec ceux qui vous sont chers? Vous permettez-vous de dire, par exemple: *«Tu sais, je me sens vraiment triste, ces temps-ci»*, *«Je voulais te dire que j'ai vraiment peur de retourner sur les lieux de sa mort»*, *«Je me sens coupable de nos derniers moments avant qu'il meure»*, *«Je me sens révoltée d'avoir vécu un tel événement, c'est tellement injuste!»*, *«Je me suis sentie blessée par ce que tu m'as dit, hier»*, *«Je ne sais pas toujours quoi te dire, mais je souffre beaucoup actuellement»*, *«J'ai tellement besoin de ton soutien, ces temps-ci»*, *«Je voulais te remercier d'être là»*?

Pour bien exprimer verbalement ce que nous ressentons, utilisons plutôt le «je» (*«Je me suis senti triste et blessé»*) que le «tu» (*«Tu as été blessant hier»*). Et n'oublions pas de nous respecter, tout en respectant notre interlocuteur. Gardons en tête que ce n'est pas parce qu'on a le droit de ressentir qu'il est approprié de le faire avec n'importe qui et de n'importe quelle façon. Partageons nos émotions avec maturité, une certaine retenue et un authentique respect pour nous-mêmes et pour autrui.

Et souvenons-nous que notre non-verbal ou nos comportements peuvent aussi être très évocateurs quand les mots nous semblent dérisoires ou hors de portée: un gros câlin, une crise de larmes, une visite, une lettre, une chanson. Qu'est-ce que vos actes, vos gestes, votre corps expriment à votre entourage? Est-ce conforme à ce que vous aimeriez leur dire? À ce que vous aimeriez qu'ils comprennent?

Même si cela nous fait peur, essayons de faire confiance à ceux qui nous entourent et qui nous aiment. Vérifions d'abord avec eux si c'est un bon moment pour leur parler. Ensuite, tentons de partager avec eux notre monde émotionnel (*«Je me sens découragé»*, *«Je suis triste depuis hier»*, *«Je me sens révolté»*) et notre monde cognitif : nos pensées, nos interprétations, nos perceptions (*«Je considère le bateau comme plus dangereux depuis qu'il est mort»*, *«J'ai totalement perdu confiance en notre système de justice, nos lois sont vraiment trop laxistes»*). Mettons-nous dans un mode d'échange : il ne s'agit pas de les critiquer, de leur remettre la responsabilité de ce qui nous arrive ou de leur demander de régler nos problèmes.

Il y a de fortes chances que les gens qui vous entourent se sentent très démunis, qu'ils ne sachent pas trop comment réagir envers vous, qu'ils se sentent révoltés face à ce que vous avez vécu et impuissants à vous soulager. Tentez de leur dire précisément ce dont vous avez besoin (*«J'ai envie de passer une journée tranquille aujourd'hui»*, *«J'aurais besoin que tu m'écoutes un moment, quand tu pourras cet après-midi»*, *«J'ai envie de voir ma famille et je crois que j'aimerais aller chez ma sœur me reposer deux jours»*). Donnez-leur aussi des indications *concrètes* sur la façon dont ils peuvent vous aider (*«Penses-tu que tu pourrais m'accompagner au centre commercial demain ? Je ne me sens pas très en forme»*, *«J'aimerais que tu m'écoutes en me serrant dans tes bras. Ne te sens pas obligé de me consoler ou de me donner des conseils, sois seulement là… avec moi»*, *«Appelle-moi et invite-moi, même si je ne te donne pas de mes nouvelles. Je vais accepter; quoi que tu proposes, cela va me faire du bien»*, *«Je suis incapable de m'occuper de la maison pour quelque temps. Pourrait-on engager une femme de ménage pour m'aider?»*).

Enfin, n'oubliez pas que vous êtes dans la même équipe et que, comme vous, votre entourage n'a pas choisi de vivre les contrecoups de cette perte traumatique. Tentez de traverser cette tempête en vous serrant les coudes et en accentuant votre solidarité et votre amour mutuel.

Accueillir la tristesse

Le seul bien qui me reste au monde
est d'avoir quelquefois pleuré.

Tristesse
Alfred de Musset (1810-1857)

Ah, ils sont bien installés: le manque de l'autre, le chagrin de l'avoir perdu, la peine causée par le fait qu'on ne pourra plus (jamais!) partager de moments ensemble, l'amertume face à la dureté et à l'injustice de la vie. Cette tristesse peut devenir chronique, lancinante et nous accompagner sans arrêt, ou elle peut s'imposer par bouffées et nous surprendre à un moment où nous ne l'attendions pas; soudainement, nous prenons profondément conscience de l'ampleur et surtout de la permanence de notre perte: l'autre est parti pour *toujours*.

Et cela nous anéantit. Nous nous sentons dans un océan de larmes, de chagrin. Privés de toute vitalité. Que faire face à cette tristesse qui nous envahit et nous tue insidieusement?

D'abord, permettons-nous de la ressentir pleinement, de la laisser émerger, se déployer dans notre corps, dans nos tripes. Laissons-la prendre sa place, sans la retenir, sans la refouler. C'est douloureux, bien sûr... mais c'est ce qui est. Pour l'instant.

Puis osons l'admettre. Nommons ce que nous vivons, avec authenticité et précision: «*Je suis vraiment, vraiment très triste*», «*Je me sens tellement en manque*», «*Des fois, je me sens vraiment désespéré*».

Ensuite, permettons-nous d'accepter cet état. Pour le moment, nous nous sentons ainsi. Inutile de le nier, de nous dénigrer, de nous rebiffer. Et puis, nous faire croire que cela n'est pas le cas ou nous mépriser ne fera pas disparaître notre tristesse. En fait, elle risque alors de se cristalliser et d'agir de façon souterraine, en sapant toute notre énergie. Donc, acceptons-la. Mais pourquoi est-ce donc si difficile?

Plusieurs obstacles peuvent nous empêcher d'accueillir pleinement notre peine. Avons-nous tendance à refuser notre souffrance parce que nous nous comparons aux autres et que nous nous sentons comme un imposteur («*Je n'ai pas vraiment le droit de me sentir si triste... Il y a tant de gens qui vivent des choses bien pires*»)? Comme si le fait que l'humanité soit souffrante et que de nombreuses personnes vivent des choses terribles nous dépossédait de notre droit (légitime) de vivre notre chagrin. Ou entretenons-nous certains préjugés à l'égard de la tristesse («*Un homme ne doit pas pleurer*», «*Se sentir triste est un signe de faiblesse*»)? Ces vieilles conceptions sont-elles vraiment encore pertinentes? Ou alors, avons-nous tendance à dénigrer notre peine, car «*c'est comme si on se complaisait dans un rôle de martyr ou de victime*»? Encore une fois, il y a une grande différence entre reconnaître et accepter l'émotion qui nous habite et l'utiliser pour manipuler notre entourage. Être en contact avec nos émotions ne veut pas dire casser les pieds à tout le monde. Cela ne signifie pas chercher à nous faire prendre en charge ou à nous faire plaindre, rechercher la pitié ou exiger égoïstement que l'on s'occupe de nous. Et surtout, cela ne veut pas dire que nous n'avons plus à nous soucier, à aimer ou à ménager les gens qui nous entourent. Enfin, avons-nous tendance à dénigrer notre peine parce que nous en avons peur? «*Si je me laisse aller à cette tristesse, je ne vais pas pouvoir m'en relever et je vais sombrer dans une dépression sans fin.*» N'oublions pas qu'il y a une grande différence entre notre tristesse et une dépression. Nous ne serons pas toujours ainsi et il ne s'agit pas de notre nouvelle identité ou de notre nouvelle façon d'être.

Alors, accueillons notre tristesse et acceptons que, pour le moment, notre monde intérieur soit empli de larmes. Vivons cette phase avec acceptation en tolérant cette douleur sans la refouler mais sans nous y complaire non plus de façon malsaine. Cela nous aidera à mieux intégrer notre perte et donc à aller mieux plus rapidement et de façon plus authentique. Cela nous poussera aussi à mieux nous connaître et donc à trouver des moyens afin de nous soulager. Parce que nous y avons droit.

Demandons-nous comment nous pourrions exprimer notre chagrin sainement. Pleurer nous ferait-il du bien? Seul ou dans les bras de quelqu'un? Jouer de la musique? Marcher en forêt? Dessiner? Peindre? Écrire une lettre à la personne qui nous manque tant? Écrire un texte ou un journal? Partager des moments authentiques entre amis en parlant de notre perte? Regarder des photos avec quelqu'un et nous remémorer ces moments? Aller nous recueillir sur sa tombe? Bref, quelle est la façon d'exprimer notre tristesse qui nous ressemblerait et qui pourrait nous faire du bien?

Suis-je triste ou suis-je déprimé?

«Je pleure sans arrêt et depuis si longtemps», «Je n'ai plus aucun intérêt pour la vie et pour les autres», «J'ai perdu beaucoup de poids et je ne dors presque plus». La tristesse comporte plusieurs similitudes avec la dépression, et nous devons rester alertes à la différence entre les deux. Au contraire de la tristesse, la dépression perdure pendant des mois, a tendance à s'aggraver avec le temps et affecte notre système physique (difficultés de concentration, manque d'énergie, perte ou gain de poids, perturbation de notre sommeil, baisse de libido).

Depuis combien de temps vous sentez-vous très triste? Est-ce que cela vous empêche de vaquer à vos occupations quotidiennes? De travailler? De vous occuper de vous ou de vos proches? Manquez-vous vraiment d'intérêt pour des activités qui étaient autrefois importantes et intéressantes? Pensez-vous avoir beaucoup maigri ou, au contraire, avoir pris plusieurs kilos alors que cela ne vous ressemble pas du tout? Vous sentez-vous sans énergie depuis plusieurs mois? Avez-vous des difficultés à dormir qui perdurent? Vous blâmez-vous de façon exagérée? Est-ce que vous avez des idées morbides qui s'incrustent?

Si vous avez répondu «oui» à plusieurs de ces questions, il est important de faire évaluer votre état par un médecin. Se sentir triste est normal à la suite d'une perte, mais lorsque la dépression s'installe, elle s'incruste, affecte notre corps et désorganise l'équilibre physiologique de notre cerveau. Il est alors très difficile de s'en sortir seul. Si vous vous sentez dans cet état ou très fragile, consultez un médecin ou un psychologue. Ils évalueront votre état et vous conseilleront. Vous n'avez pas à souffrir autant. Ce n'est pas nécessaire et plusieurs types d'intervention pourraient vous soulager et maximiser votre cheminement.

Admettre la colère

Dans chacune de vos exécrables minutes,
Ô siècles d'égorgeurs, de lâches et de brutes,
Honte de ce vieux globe et de l'Humanité,
Maudits, soyez maudits et pour l'éternité!

Les siècles maudits
Leconte de Lisle (1818-1894)

Ressentir de la rage, de la haine, de la révolte, entretenir des scénarios de vengeance sont des réactions courantes à la suite d'une perte traumatique: colère contre Dieu, contre l'injustice de la vie, contre la société, contre ceux qui se sentent bien. Colère aussi contre la personne qui a disparu parce qu'elle est partie de cette façon, qu'elle nous a abandonnés, qu'elle nous a laissés dans une telle situation, qu'elle nous a tellement blessés ou qu'elle nous a trahis.

Notre colère est souvent légitime, et la nier ne la diminuera pas. Et nous blâmer de la ressentir ne fera qu'ajouter de l'irritation à celle qui est déjà présente. Nous vivrons alors un état de rage froide contenue, qui nous consumera sans relâche et dont notre entourage fera (injustement) les frais. Permettons-nous donc de prendre contact avec notre colère et de l'admettre avec sincérité: *«Je me sens tout le temps irrité, frustré»*, *«Je suis révolté par sa mort et je ne l'accepte pas du tout»*, *«Depuis, je n'ai aucune patience ni tolérance. Je réagis violemment de façon imprévisible»*. Faisons preuve d'authenticité, d'honnêteté et de précision. Et utilisons le «je» en nommant notre émotion plutôt que de formuler des phrases sous forme de faits. N'est-ce pas plus précis de dire: *«Je me sens enragé par l'injustice que j'ai vécue»* plutôt que d'énoncer rageusement que *«La vie est injuste»*?

Et puis demandons-nous si notre colère ne nous sert pas dans le fond à ne pas être en contact avec notre peine ou avec notre peur. Il peut arriver que nous soyons acariâtres, ombrageux, intolérants avec notre entourage, alors que, dans le fond, nous ne ressentons pas vraiment de colère: nous sommes tellement tristes, blessés intérieurement que cela nous rend irritables. Ou alors, nous avons peur de l'avenir, de ne pas y arriver, et cela nous stresse tellement que cela s'exprime sous forme d'intransigeance et de rigidité. Alors, tentons de dire: «*Je suis tellement malheureux aujourd'hui*» ou «*Je suis inquiet et cela me rend insupportable*» plutôt que de bousculer nos proches et de pester contre l'univers tout entier.

Comment pourrions-nous partager et exprimer sainement cette colère qui nous ronge? Car rager ainsi est épuisant, pour nous et pour notre entourage. Pourrions-nous envisager de crier en pleine forêt? De faire de l'exercice physique intense? De pratiquer la boxe ou la lutte? De frapper dans un sac de sable? De partager ce qui vous habite avec quelqu'un? D'écrire une lettre à la personne qui nous a blessés ou de mettre rageusement sur papier notre pire désir de vengeance, puis de brûler ces textes? De faire un rituel significatif qui pourrait nous libérer? D'amorcer une psychothérapie qui nous permettrait de faire entendre cette rage qui effraie tout le monde? Pourrions-nous la canaliser en adhérant à une association qui combat les injustices et qui revendique des changements sociaux?

Suis-je en colère ou suis-je violent?

Ressentir de la colère est sain et légitime. L'exprimer aussi. Et, comme nous l'avons vu, il y a plein de moyens pour que nous puissions l'exprimer de façon personnelle, saine et constructive. Mais cela n'est plus sain quand cela dure des mois, que cela nous consume, que notre entourage en souffre ou que nous avons confondu *exprimer* notre colère et *agir* notre colère.

Agir sa colère, c'est poser des gestes dans le non-respect de l'autre: dénigrer, insulter, harceler, manipuler, intimider, crier, casser un objet, frapper un animal ou une personne. Et cela s'appelle aussi de la violence. Demandez-vous si vous avez traversé cette ligne et si votre entourage souffre actuellement de votre état intérieur. Et si oui, prenez les moyens pour que cela cesse. Tout de suite.

Dois-je obligatoirement pardonner pour apaiser ma colère ?

« Tout le monde me dit que je dois accorder mon pardon au responsable de sa mort, mais j'en suis totalement incapable ! », « Je suis en révolte constante et cela me tue, mais jamais je ne lui pardonnerai ce qu'il a fait ».

Depuis quelques années, nous observons l'émergence d'une nouvelle exigence sociale : l'obligation pour les victimes de pardonner à leur agresseur. La recommandation est unanime : « Le pardon est une libération et favorise le retour à un état de sérénité. » Cette nouvelle « obligation » du pardon découle d'influences sociales majeures : la mode actuelle du zen et du *think positive*. Dans ces optiques, la colère est vue comme un « état conflictuel laid » dont il faut se débarrasser pour « parvenir à la plénitude ».

Or, cette conception est fausse : la colère est une émotion très saine et la court-circuiter artificiellement entrave le processus de deuil.

De plus, croire que le bien-être ne passe *que* par le pardon est contraire aux données cliniques et de recherche. Le rythme de chaque victime est unique et les moyens pour parvenir à la sérénité, multiples. Ne pas pardonner n'est pas un frein à notre cheminement vers la paix intérieure. Ne pas pardonner n'est pas un signe d'immaturité ou de manque d'« élévation de l'âme ».

Le pardon est, quelquefois, une étape libératrice, soulageante et apaisante, c'est vrai. Pour certains. À un certain moment. Mais pas pour tout le monde. Et surtout pas de façon obligatoire.

Si notre colère est au premier plan, accordons-nous le droit de la vivre. Car elle est légitime. Car elle est salvatrice. Car elle est porteuse d'énergie et de changement. Et respectons aussi, si tel est le cas, notre choix légitime (réfléchi, assumé) de ne jamais pardonner. Car le pardon ne s'impose pas et il n'est pas l'unique voie vers la sérénité.

En effet, nous pourrions choisir de tenter de *comprendre* les circonstances de sa mort. De comprendre pourquoi l'agresseur a commis ce geste. De saisir la séquence des événements qui a mené à notre drame.

Et cela pourrait nous apaiser, comme plusieurs rescapés de camps de concentration avant nous qui ont, eux aussi, choisi cette voie.

Nous pourrions aussi décider de ne *plus entretenir* de colère contre le responsable de sa mort. Et de couper ainsi le dernier lien qui nous unissait à l'agresseur. Nous nous en sentirons libérés. Car il ne mérite pas notre colère. Il ne mérite pas que nous nous consumions ainsi à cause de lui. Nous pourrions accepter cette perte comme une fatalité contre laquelle nous ne pouvons rien, devant laquelle nous sommes si petits. Nous pourrions admettre qu'il y a plein de choses que nous ne saisissons pas, et que la vie est ainsi faite. Il n'y a pas de réponse. Et nous lâcherons prise.

Ces stratégies auront aussi le pouvoir de nous redonner un sentiment de liberté et de sérénité, et ce, même si nous décidons de ne jamais pardonner.

Apprivoiser l'anxiété

J'ai peur des longs silences, et puis j'ai peur du bruit
J'ai peur des imprudences que fait payer l'ennui
J'ai peur de me confier et puis de trop parler
Oui, j'ai peur d'être trompé

J'ai peur des cheveux blancs qu'il faudra bien que j'aie
J'ai peur chaque instant, de pas assez aimer
J'ai peur qu'après la vie notre amour soit fini
Et jamais plus réuni

J'ai peur
Enrico Macias (1938-   )

Depuis sa mort, nous sommes envahis par l'anxiété. Elle s'impose par bouffées soudaines : montées intenses de panique qui entraînent des tremblements, des palpitations, des sueurs froides. Ou alors elle est plus sournoise, chronique : c'est une angoisse sourde face à l'éventualité d'un autre drame et qui nous met en état d'alerte épuisant. Nous sommes inquiets devant l'incertitude de la vie, constamment sur le qui-vive, à craindre le pire. La peur nous coupe le souffle.

Rappelons-nous que nous vivons de l'anxiété parce que notre cerveau a perçu une menace, et ce, peu importe que celle-ci soit objective (*«Un incendie s'est déclaré dans le salon»*, *«Le toit menace de s'effondrer»*) ou subjective (*«Je ne pourrais pas vivre sans elle»*, *«Je crains de ne jamais me sortir de cette souffrance»*, *«Je ne pense pas pouvoir subvenir à mes besoins seule»*). Si nous concluons qu'il y a un danger, que celui-ci soit réel ou pas, notre cerveau se mettra en mode «anxiété» afin d'y faire face : notre respiration se fera plus rapide et plus superficielle afin d'augmenter notre apport en oxygène (notre corps a besoin d'oxygène s'il veut fuir ou se défendre) ; notre salivation et notre digestion ralentiront momentanément, car elles ne sont pas essentielles à notre survie à ce moment-là ; notre sang désertera nos extrémités (qui a besoin d'utiliser ses doigts ou d'une préhension fine lors d'une situation menaçante ?). Bref, notre corps se préparera à réagir au danger que nous pensons avoir détecté.

Or, lorsque la menace n'est pas réelle, le mode «anxiété» que nous venons d'activer ne nous sert pas : nous n'utilisons pas tout cet oxygène emmagasiné pour fuir ou nous défendre puisque nous restons le plus souvent assis ou immobiles. Cela induit chez nous un état d'*hyperventilation* : nous avons trop d'oxygène pour ce que nous dépensons, car en état de panique nous inspirons beaucoup plus que nous expirons. Bref, notre état d'hyperventilation se traduira par des étourdissements, une vision embrouillée, une impression d'entendre les sons assourdis et une sensation que nous allons nous évanouir. Cela peut empoisonner notre quotidien.

Alors, que faire face à notre anxiété ? Tentons d'abord d'en prendre conscience car, trop souvent, nous la nions ou nous la confondons avec une autre émotion : *«Je ne suis pas en colère, en fait, j'ai peur de ce qui va m'arriver»*, *«Je n'ai pas besoin de bousculer les autres, j'ai besoin de diminuer mon stress»*.

Puis tentons d'en préciser la cause : *«J'ai vécu une bouffée de panique parce que j'ai été en contact avec un objet qui m'a rappelé sa mort»*, *«J'avais très peur de leur jugement quand je suis entrée dans la salle»*, *«Je suis tout le temps anxieuse car je crains l'avenir»*.

Et puis admettons que nous avons peur actuellement, que cela est souvent normal, légitime et que ce n'est pas un signe de faiblesse. Rappelez-vous qu'être courageux, ce n'est pas de ne pas ressentir de peur. Cela, ça s'appelle de l'inconscience. Être courageux, c'est avoir peur... mais agir quand même.

Alors, ne nions pas notre crainte, cela ne servirait à rien. Oui, l'anxiété est inconfortable, mais elle n'est pas dangereuse. N'en ayons pas peur : inutile d'ajouter une perception de danger à de l'anxiété qui est déjà existante. Cela aurait comme effet d'induire encore davantage de sensations physiques désagréables. Rassurons-nous : c'est désagréable mais nous ne pouvons pas en mourir ; cela ne peut pas non plus nous rendre fous ou nous faire perdre le contrôle. Donc, laissons monter ces sensations sans les craindre.

Ne tentons pas de les refouler et (contrairement à ce que nous faisons habituellement) ne nous tendons pas physiquement. Voyez l'anxiété comme une vague qui arrive vers vous. Habituellement, vous tentez de résister et vous faites le « mur de béton face à cette vague ». Cela n'a comme résultat que d'augmenter votre peur. Maintenant, adoptez une attitude corporelle différente : relâchez-vous. Faites « l'algue dans la vague de l'anxiété », c'est–à-dire laissez cet état monter en vous et tentez de respirer dans cette vague. Abandonnez-vous physiquement. Lâchez prise. Soyez complètement relâché. Vous n'êtes pas fragile, ce n'est pas dangereux, et votre corps peut tolérer l'anxiété.

Et puis demandez-vous comment vous pourriez exprimer votre anxiété et vous apaiser. Pouvez-vous réorganiser votre quotidien afin de diminuer vos stresseurs ? Modifier votre façon de respirer ou de percevoir les choses ? En parler à un ami ? Écrire votre scénario anxiogène sans vous censurer ? Faire du yoga, de la méditation, de la relaxation ou de l'exercice cardiovasculaire (qui est reconnu comme un excellent anxiolytique) ? Vous faire masser régulièrement ? Aller au spa ? Demander de l'aide concrète ? Déléguer certaines responsabilités stressantes ? Faire une bonne évaluation de ce qui vous inquiète puis passer en mode résolution de problème ? Amorcer une psychothérapie axée sur la gestion de stress ? Bref, déterminez quels moyens vous pourriez mettre en place pour vous apaiser.

Suis-je anxieux ou est-ce que je souffre d'un trouble anxieux?

Avez-vous l'impression que sa mort pourrait avoir exacerbé des symptômes anxieux qui étaient déjà présents auparavant? Vivez-vous des attaques de panique qui se multiplient, qui vous poussent à éviter plusieurs situations et qui nuisent à votre qualité de vie? Effectuez-vous certains gestes compulsifs, ritualisés afin de vous assurer que «tout ira bien», qui prennent de plus en plus de temps dans votre quotidien? Avez-vous l'impression que, maintenant, un rien vous effraie, que vous êtes devenu allergique à l'incertitude et que vous vous faites constamment des scénarios catastrophiques? Si oui, songez à consulter un médecin qui pourrait évaluer vos symptômes ou à entreprendre une psychothérapie avec un psychologue spécialisé en traitement de l'anxiété. Ils sauront vous éclairer, et vous y trouverez une douce empathie et une expertise qui vous seront tellement précieuses.

Chapitre 5

Je me sens tellement coupable

Je suis seul avec moi-même,
sans m'avoir pour ami.
Fernando Pessoa (1888-1935)

Sa mort a laissé un énorme vide dans notre vie mais, du même coup, elle a fait tomber sur nos épaules un immense poids : la culpabilité. Depuis, nous nous sentons immensément coupables : coupables d'avoir causé sa mort ou de ne pas avoir su l'empêcher ; incompétents car nous n'avons pas bien réagi lors de celle-ci ; responsables d'avoir survécu ou de ne pas être assez fidèles à sa mémoire ; fautifs de ne pas l'avoir assez aimé de son vivant. Bref, notre blâme est envahissant. Il nous étouffe. Il nous tourmente. Il nous éteint. Et nous nous sentons profondément mauvais et indignes.

J'ai l'impression d'avoir causé sa mort

« Mon fils et moi, nous nous sommes disputés juste avant qu'il se suicide. Je me sens tellement coupable, j'ai l'impression de l'avoir poussé à la mort », « Je savais que mon ex-conjoint n'accepterait jamais notre séparation. J'aurais dû rester avec lui, ainsi il n'aurait pas tué nos enfants ».

Depuis sa mort, nous sommes rongés par la culpabilité. Et cela nous torture. Serait-ce possible que nous ayons une part de responsabilité dans ce qui s'est passé ?!

Il n'y a pas qu'une seule raison à un décès. Au contraire, les causes sont multiples, complexes, nuancées. D'abord, des facteurs propres au disparu jouent : son état de santé physique et psychologique, ses habitudes, son mode de vie, sa personnalité, ses perceptions, ses tendances impulsives ou dramatisantes, ses habiletés de résolution de problème, d'affirmation de soi et d'expression émotionnelle, ses expériences passées, ses relations interpersonnelles, etc.

De même, des facteurs externes interviennent : toutes les circonstances présentes, le comportement d'autrui, la société, l'entourage, les éléments familiaux, conjugaux, financiers, scolaires, professionnels, amoureux, sociaux, etc. Sans compter le hasard et le destin qui viennent ajouter leur touche toute personnelle à nos vies. Tout cela a pu contribuer au drame que nous avons vécu. Est-ce que nous envisageons ces facteurs quand nous concluons que nous sommes seuls responsables de sa mort ?

N'oublions pas que nous jugeons souvent nos actions en fonction de leurs suites, plutôt que de les évaluer selon leur valeur intrinsèque. Ainsi, un père qui se dispute avec son fils, car il n'accepte pas qu'il prenne de la drogue, pourra se féliciter de cette discussion si son enfant décide par la suite d'arrêter de consommer : *«Ah, quelle bonne chose ce fut, cette discussion musclée ! Cela lui a enfin ouvert les yeux. Je suis fier de moi, je suis fier de nous.»* Or, si ce même fils se suicide dans les jours qui suivent, le père se jugera alors impitoyablement : *«Je suis un mauvais père. Cette discussion était trop dure. Je suis un être insensible et beaucoup trop rigide. J'ai poussé mon fils au suicide, je ne me le pardonnerai jamais.»* Cet homme juge de la valeur de sa discussion en fonction des événements qui se sont produits par la suite. N'est-ce pas injuste puisque, dans les deux cas, ce sont les mêmes gestes qui ont été posés ? Que ce qui s'est produit après la discussion ne dépendait plus vraiment du père ? Et que, dans les deux cas, la conversation avait la même intention louable et était motivée par l'amour et l'inquiétude pour son fils ? Demandons-nous si nous avons, nous aussi, tendance à juger de nos actions passées à la lumière de ce qui a suivi et si cela est vraiment équitable envers nous-mêmes.

Lors de notre évaluation de nos comportements passés, nous confondons souvent la *cause* (un élément qui en entraîne un autre) avec la *corrélation* (un élément qui est présent en même temps qu'un autre). Ainsi, si j'ai appelé une amie pour lui demander un service et qu'elle se suicide dans l'après-midi, je peux me reprocher *«d'avoir été trop exigeante, comme d'habitude. Je lui ai mis trop de pression et donc, mon Dieu, je suis responsable de sa mort»* (cause). Or, admettez qu'il est possible qu'il n'en soit absolument rien : mon appel peut avoir eu lieu *juste avant* son suicide (corrélation). Et ce suicide, lui, peut être la résultante de nombreux facteurs, de multiples stresseurs qui sont peu liés à moi.

Le point ici n'est pas de viser une déresponsabilisation de nos comportements, mais de parvenir à une évaluation plus juste de notre part dans sa mort. Et de remettre en question notre blâme envers nous-mêmes qui peut être injuste et tyrannique. Il s'agit d'assouplir une condamnation qui nous mine et qui détruit notre estime de soi, notre intérêt pour la vie et nos relations avec les autres, et ce, inutilement.

Je n'ai pas empêché sa mort alors qu'elle était prévisible

Nous avons vraiment l'impression que nous aurions pu (et dû) empêcher sa mort. Cela semble si évident ! Mais nous ne l'avons pas fait et, donc, nous nous sentons profondément responsables et ô combien incompétents. On se dit que, si on avait vraiment «prêté attention» aux indices, on aurait «vu venir» son décès et que, conséquemment, on aurait pu l'éviter.

Et c'est tellement plus facile de prédire un événement... une fois qu'il s'est produit, n'est-ce pas ? Les économistes peuvent maintenant déterminer clairement les indices avant-coureurs du dernier krach boursier (alors que personne ne l'avait prédit sur le moment); les révolutions sociales de certains pays et la chute de leurs dictateurs semblent «aller de soi» (alors qu'elles ont pris tous les commentateurs politiques par surprise sur le coup); et le numéro gagnant du loto d'hier semble si évident... maintenant que nous l'avons sous les yeux.

En fait, on assiste ici à ce que les chercheurs appellent le «biais *a posteriori*», c'est-à-dire un biais cognitif qui affecte notre perception du passé en le rendant ridiculement prévisible à nos yeux, et qui, conséquemment, entraîne un blâme exagérément sévère.

Ce biais agit de deux façons. D'abord, il fait ressurgir de notre mémoire tous les éléments qui sont en concordance avec sa mort : *«Maintenant qu'il s'est suicidé, je me souviens de l'avoir vu triste et isolé à l'école, c'était clair»*, *«Il semblait fatigué depuis quelque temps. Cela me semble évident que si je l'avais envoyé chez un cardiologue, il aurait détecté son problème cardiaque»*, *«Il a dit qu'il partirait en sortie avec les enfants. En repensant à son air à ce moment-là, j'aurais dû m'inquiéter. En fait, cela n'augurait rien de bon»*. Non seulement le biais *a posteriori* fait ressortir du lot tous les souvenirs, toutes les données qui vont dans le sens de notre drame, mais il agit en plus d'une deuxième façon : il minimise ou ignore carrément les éléments contradictoires que nous avions (aussi) perçus mais qui sont maintenant incompatibles avec sa mort : *«J'avais complètement oublié mais, quand j'y repense, je me souviens qu'il avait beaucoup ri avec son ami le matin même de sa mort»*, *«Mon frère m'a fait remarquer que mon mari ne souffrait d'aucun symptôme grave à part sa fatigue, et qu'il n'avait pas d'antécédents. Personne ne s'est inquiété, pas même notre ami médecin»*, *«À bien y penser, il avait déjà sorti les enfants dans le passé, et cela s'était bien déroulé. Et il avait toujours ce même air buté depuis notre séparation»*.

Allons, soyons honnêtes envers nous-mêmes et remettons-nous dans le même état d'esprit qu'avant son décès. Remarquons comment ce qui nous semble maintenant «évident» pouvait être complètement noyé dans un immense flot d'informations contradictoires auparavant.

Évidemment, maintenant que nous avons vécu ce drame et que notre biais *a posteriori* fait ressurgir les indices passés qui sont en concordance avec sa mort (tout en ignorant ceux qui étaient incongruents), le passé nous semble parfaitement prévisible et les «signes précurseurs indiscutables» nous sautent au visage.

Nous allons donc percevoir l'enchaînement des événements menant à sa mort comme évident, et nous allons rapidement passer de *«J'aurais pu le prédire»* à *«Donc, j'aurais pu l'empêcher»*, ce qui nous mène irré-médiablement à *«Je ne l'ai pas empêché»*, pour terminer en beauté avec *«Donc, je suis responsable de ce qui s'est produit»*. Ce syllogisme, dont les prémisses sont fausses et les conclusions encore plus, ferait rougir n'importe quel professeur de philosophie mais, bon, peu importe, on y croit et on se blâme.

Parce qu'on sait maintenant comment la mort s'est *déroulée*, on croit facilement qu'on aurait pu l'*empêcher*. On se dit que si nous avions fait ceci ou cela, notre être cher serait encore vivant, «c'est sûr». Dans tous les scénarios que l'on se bâtit après coup, on n'envisage pas que nos tentatives potentielles pour «empêcher ce drame» auraient pu échouer ou même précipiter son décès. Non, on s'imagine efficace, en contrôle et plus fort... que la mort.

Comme il est difficile de concevoir que notre pouvoir n'est pas ab-solu et que nous ne sommes pas tout-puissants. Que la mort ou la vie ne dépendent pas que de notre volonté ou de nos actions. Dur constat d'humilité pour nous, citoyens modernes, qui aimons penser que «nous menons notre vie comme nous l'entendons» et que «nous avons le plein contrôle de notre existence, car lorsqu'on veut, on peut».

C'est tout un défi de reconnaître que, quelquefois, nous n'y pouvons rien et qu'il nous faut lâcher prise et nous incliner devant une force plus grande que nous. Plus forte que notre volonté, que notre amour, que nos capacités, et même (même!) plus forte que notre technologie et l'avan-cée de notre science...

Je me sens coupable d'avoir réagi ainsi lors de son décès

«Je ne comprends pas pourquoi j'ai paralysé! Je n'ai même pas tenté de le réanimer!», «J'ai perdu le contact avec la réalité, je me sentais comme dans un cauchemar. Je n'ai même pas appliqué les manœuvres que je con-naissais, pourtant», «Il serait probablement vivant si j'avais, au moins, tenté une trachéotomie!».

Comment comprendre nos réactions lors de sa mort? Ont-elles été normales? Y a-t-il des réactions habituelles courantes? Et comment répondre à ces questions qui nous torturent tant: avons-nous vraiment été appropriés à ce moment-là? Notre être cher serait-il encore en vie si nous avions agi autrement?

Évidemment, *a posteriori*, des dizaines d'autres actions peuvent nous sembler plus pertinentes. Et nous pouvons passer de longues heures à décortiquer, à analyser et à nous reprocher ce que nous avons fait et à considérer que «*les choses auraient été tellement mieux si nous avions plutôt agi de telle autre façon*».

Eh oui, le biais *a posteriori* agit aussi ici, en affectant notre perception des choses. D'abord, nous savons comment cela s'est terminé: «*Il ne va pas se réveiller après sa chute*», «*Sa blessure était beaucoup plus grave qu'on ne l'avait envisagé; en fait, elle était mortelle*», «*Quand il a commencé à vomir, je pensais qu'il avait une indigestion, je n'aurais jamais envisagé un AVC fatal*». Lorsqu'on évalue la qualité de nos comportements passés, nous le faisons donc à la lumière d'informations que nous ne possédions pas au moment du décès. Il est fort probable que, sur le coup, nous n'ayons jamais envisagé que notre être cher était en train de mourir. C'était trop soudain, trop irréel, trop impensable! Maintenant que nous savons que tel était le cas, nous nous blâmons de ne pas avoir pris ses symptômes plus en considération. De ne pas avoir agi en conséquence. De ne pas l'avoir sauvé. Nous nous en voulons peut-être aussi de ne pas avoir réalisé l'importance cruciale de ce moment et de ne pas avoir dit les mots ou les gestes «qui s'imposaient dans les circonstances»: «*J'aurais dû le prendre dans mes bras, lui serrer la main et lui dire adieu plutôt que de courir partout*».

Rappelons-nous combien il est facile de juger sévèrement de nos actions passées alors que nous connaissons maintenant le déroulement des événements et que notre état émotionnel actuel est complètement différent de celui qui était le nôtre lors de son décès: nous sommes attristés mais calmes et posés, en pleine possession des nouvelles informations et de notre capacité d'analyse. Nous oublions que lors du décès, nous avons dû réagir en une fraction de seconde sous l'influence de la terreur, de l'horreur ou de la surprise absolues. La *peur* avec tout ce qu'elle implique de sensations physiques (palpitations, tremblements, sueurs froides, difficulté à respirer, confusion mentale) nous a submergés. La *surprise,* intense, nous a laissés hébétés, confus et paralysés; notre système a tenté de comprendre, d'analyser ce qui se passait, mais tout allait trop vite. C'était trop violent, trop soudain ou tout simplement impensable qu'une telle chose se produise! Cet événement ne correspondait en rien à ce qui «était prévu», ce qui est «censé être». L'*horreur* nous a glacés, nous a déconnectés émotivement. Nous avions l'impression de flotter au-dessus de la scène, d'être dans un cauchemar ou de percevoir le passage du temps au ralenti ou en accéléré. C'était trop laid, trop injuste, trop effrayant.

Toutes ces réactions sont tout à fait courantes, normales même, et ne sont ni un signe de faiblesse ni un indice d'incompétence. Elles témoignent seulement du choc que sa mort a représenté pour nous. Mais reconnaissons que notre état émotionnel lors du trauma était très différent de celui qui est le nôtre actuellement. Conséquemment, il est facile de blâmer nos actions passées maintenant que nous connaissons les événements et que nous sommes moins bouleversés émotivement.

Enfin, il convient de considérer «l'impossibilité du changement de rôle», c'est-à-dire l'impossibilité pour une personne d'adopter soudainement des comportements incompatibles avec son rôle habituel. Ce que cela signifie, c'est que vous ne pouvez pas attendre de vous que vous effectuiez des gestes dans l'urgence alors que vous ne les avez jamais posés de toute votre vie auparavant: «*J'aurais dû lui faire un massage cardiaque*», «*J'aurais dû lui prendre son couteau et lui rentrer dans la gorge avant qu'il agresse mon enfant*», «*J'aurais dû lui faire une trachéotomie quand j'ai vu qu'il s'étouffait*». Cela vous est arrivé souvent de faire un massage cardiaque sur quelqu'un que vous aimez et qui agonise? Vous poignardez régulièrement des gens en les frappant en pleine poitrine? Vous avez déjà pratiqué une trachéotomie au point que cela est devenu parfaitement routinier pour vous?

Alors, comment auriez-vous pu adopter de tels comportements dans l'urgence du moment sur une personne qui vous est chère? Vous croyez qu'en situation de panique, de choc, de surprise, nous pouvons poser un geste aussi crucial mais tout à fait nouveau, et ce, avec efficacité et compétence? Non. Ce n'est pas possible et ce n'est pas ce qui se passe dans la «vraie» vie.

Oh oui, maintenant que l'on y songe, cela semble «si évident», «si simple à faire». Et puis, à la télévision, cela semble si «facile». Vraiment? Sur le moment, nous sommes à des années-lumière de tels gestes. On paralyse. On ne comprend pas ce qui se passe. On est horrifié: ce n'est pas un exercice, c'est la vraie vie! Ce n'est pas un acteur, c'est de notre être cher qu'il s'agit!

Alors, on réagit avec ce que nous sommes et ce qui nous est automatique. On ne devient pas Rambo tout d'un coup, ni le super chirurgien de la télésérie *Urgences*. Non. On fait le mieux possible à ce moment-là. Avec ce que l'on est. Avec ce que l'on a. Avec ce que l'on vit. Et on agit *en être humain*, avec tout ce que cela implique d'imperfection...

Je me sens coupable: moi, j'ai survécu...

«C'est moi qui aurais dû mourir: c'est moi qui conduisais, alors qu'elle n'était que passagère», «Je suis grand-maman, j'ai vécu une belle vie. Comment se fait-il que ce soit mon petit-fils qui meure?! Il avait tant de choses encore à vivre et à donner, lui», «Jusqu'à la dernière minute, c'est moi qui devais aller au marché. Elle m'a offert d'y aller, et j'ai accepté. C'est là que le tremblement de terre a été le plus dévastateur. Elle n'est jamais revenue».

Dans les cas où la mort nous a frôlés mais a frappé quelqu'un qui nous était cher, notre sentiment peut être celui d'un imposteur: nous avons l'impression d'avoir survécu alors qu'on «n'aurait pas dû»; nous avons l'impression de vivre la vie à laquelle quelqu'un d'autre avait droit. C'est un sentiment de culpabilité horrible et très envahissant: c'est la culpabilité du survivant.

Cette culpabilité nous pousse à remettre en question la «décision» du destin qui nous a épargnés mais qui a touché notre être cher. Méritons-nous vraiment davantage de vivre plus que l'autre? L'autre n'était-il pas mieux placé pour survivre? N'était-il même pas mieux que nous, à bien y penser? On trouve le fait d'avoir survécu presque injuste, illogique, et on se dit qu'il faut maintenant être «digne» du privilège qui nous a été donné. On peut alors s'imposer des exigences de perfection déraisonnables qui entraînent beaucoup de stress.

Je ne l'ai pas assez aimé

«Je n'étais pas assez à son écoute et je ne lui ai pas assez montré mon appréciation et mon amour. Elle aurait mérité tellement mieux», «J'aurais dû savourer chaque instant pleinement, ses jours étaient comptés...», «Je travaillais beaucoup et je n'étais pas souvent présent. Pourquoi, alors que le plus important, c'était ma famille?!», «Nous avons parlé de nos problèmes d'argent toute la semaine. Si j'avais su!», «On était si occupés, on n'a pas assez pris le temps de se retrouver et de se prouver qu'on s'aimait».

Depuis sa mort, nous n'avons pas cessé de revisiter les moments qui ont précédé son décès et de nous blâmer. Connaissant maintenant ce qui nous attendait, nous aimerions tellement défaire le passé et recommencer. Nous souhaiterions tellement profiter à plein de la présence de l'être aimé et lui exprimer tout notre amour alors que son absence nous pèse tellement actuellement. Nos manques nous semblent impardonnables.

Des gestes anodins passés prennent maintenant une tout autre dimension : la critique bénigne faite au petit déjeuner nous semble maintenant inacceptable et comme une preuve que nous sommes durs et indignes ; notre dispute juste avant sa mort nous prouve que nous manquons de compréhension et de gentillesse ; notre refus nous semble maintenant intransigeant et disproportionné. Tel qu'il a été mentionné précédemment, si l'être cher n'était pas décédé, jamais nous ne nous serions accusés de la sorte. Mais il est mort... alors nous nous blâmons.

Vous avez raison, on n'aime jamais assez les gens qui nous entourent. Et on pourrait toujours davantage leur exprimer notre amour, notre tendresse, notre respect, notre affection, notre désir. On pourrait toujours faire mieux en cette matière.

C'est pour cela que notre culpabilité est si présente. Comment ne pas se trouver inadéquat quand il n'y a pas de critères précis ? Puisque ce n'est jamais « trop » ? Comment déterminer que nous l'avons « assez » aimé ? Avec de telles attentes et sans aucune possibilité de limite, comment ne pas se sentir coupable ?

Et puis est-il vraiment possible de vivre quotidiennement comme si ce jour allait être le dernier ? Pouvons-nous vraiment vivre comme si nos êtres chers allaient nous être ravis sous peu ?

Car même ceux qui ont frôlé la mort de près l'expriment souvent : *« Je m'étais juré que si j'en réchappais, je vivrais chaque moment pleinement et que je me centrerais sur mes proches. Que je leur manifesterais tout mon amour. Que je savourerais le "moment présent". Mais la vie a repris ses droits, mes habitudes sont revenues et je me surprends maintenant à me stresser pour des peccadilles et à perdre de vue l'essentiel. »*

Pourquoi cela nous est-il si difficile de démontrer pleinement et quotidiennement notre amour à nos proches ? De vivre en savourant le temps qui passe ? Sommes-nous tous si mal conçus ? Car cette difficulté est générale. Il semble même que ce soit une des caractéristiques de la race humaine : vivre comme si nous étions immortels, vivre en tenant la présence de nos proches pour acquise.

Mesurons comment cette difficulté est courante, et tentons de nous percevoir avec indulgence. Et de réaliser qu'il est facile de nous trouver inadéquats quand il n'y a pas de critères précis statuant quand nous avons « assez aimé ». Puis profitons de cette expérience pour nous demander si des changements positifs pourraient être mis en place dans notre vie. Pourrions-nous vivre de façon plus congruente avec nos valeurs ? Pourrions-nous davantage savourer le moment présent ? Bref, est-ce que sa mort pourrait constituer une occasion de changement constructif ? Et méfions-nous du tourbillon quotidien et des multiples stresseurs qui érodent si facilement nos résolutions...

Je manque de loyauté à son égard

« Je m'en veux de ne pas assez porter son deuil, de ne pas être assez loyale. Je me trouve faible », *« Je me sens pris en faute quand je ne pense*

pas à elle sans arrêt ou quand je ressens une certaine légèreté. Alors, je m'impose de me plonger dans son souvenir».

Depuis sa mort, nous nous exigeons de porter son deuil à la perfection, d'entretenir sa mémoire, de penser à l'autre constamment, de parler de l'autre, ou d'être tristes. Lorsque nous ressentons des moments de légèreté, nous nous sentons coupables. Nous nous punissons presque. Nous nous rappelons à l'ordre: *«Voyons! Restons loyaux! Ne le trahissons pas.»*

Pourquoi nous imposons-nous ainsi ces exigences exagérées de loyauté?

Nous pouvons trouver que nous avons «failli» envers notre être cher de son vivant: nous n'avons pas assez fait ceci, pas été assez comme cela. Conséquemment, nous nous exigeons de «nous reprendre maintenant» et de porter son deuil de façon «exemplaire». Nous aurons, au moins, une attitude parfaite envers l'autre après sa mort. Nous nous imposons d'être le «gardien de sa mémoire», et notre deuil devient une façon de lui prouver tout l'amour que nous avions à son endroit. Notre culpabilité nous aiguillonne pour que nous restions fidèles. Notre loyauté continuera à nous lier à l'autre.

Nous pouvons aussi avoir l'impression d'être un imposteur ou d'être indignes de son héritage: *«Je me sens coupable de tout l'argent qu'il nous a laissé. Je me sens redevable. Je me sens presque obligée de rester parfaitement fidèle à sa mémoire pour mériter tout cela. Pour ne pas me sentir comme une ingrate ou une traître.»* Sa succession peut nous mettre mal à l'aise et nous pousser inconsciemment à «mériter» ce qu'il nous a laissé en lui consacrant encore une place dans notre vie.

Nous pouvons également exiger autant de nous parce que nous craignons le regard des autres. Il faut réaliser que la religion nous offrait autrefois des balises précises encadrant le deuil: porter du noir signalait à tous que nous avions vécu une perte importante, que nous ressentions une grande peine et que nous n'étions pas prêts pour une autre relation ou pour certaines activités. C'était un signe public que le souvenir de l'autre nous occupait tout entier. Mais cette étape était temporaire et circonscrite dans le temps: après un an, la société nous incitait à délaisser nos vêtements de deuil et nous encourageait même à accepter de nouveau les invitations, les sorties et les flirts. Nous avions «le droit». Les conventions sont maintenant beaucoup plus floues, et cela peut nous insécuriser: *«J'ai soudainement éclaté de rire, et puis je me suis sentie gênée: vont-ils croire que je l'ai déjà oublié?», «J'ai vraiment envie de mordre dans la vie maintenant. Mais que vont-ils penser?».*

Quand est-ce maintenant «approprié» de rire, de boire ou de danser en public après une perte si importante, après un tel drame? Quand pouvons-nous nous adonner de nouveau à des activités de loisirs? Est-ce trop tôt pour rencontrer quelqu'un d'autre? Pour nous laisser séduire? À partir de quand avons-nous le droit de «refaire» notre vie?

Rares sont les réponses à ces questions, et cela peut nous pousser à être plus exigeants envers nous-mêmes. Cela peut nous donner l'impression que notre deuil doit durer plus que nécessaire, qu'il doit devenir notre identité ou notre nouvelle façon de vivre.

Or, c'est exagéré. Nous pouvons être loyaux sans penser constamment à l'autre et sans nous obliger à être tristes. Et notre deuil doit être limité dans le temps. Ce n'est ni une trahison ni une infidélité. Ce n'est pas l'oublier. C'est faire de la place, aussi, à la vie.

Je me sens coupable, donc je *suis* coupable

Dans notre jargon, nous appelons cela du «raisonnement émotionnel». Cela signifie que nous utilisons notre ressenti pour déduire une réalité. Parce que nous nous *sentons* coupables, nous déduisons que cela est vrai et que, donc, nous *sommes* effectivement responsables. Le raisonnement émotionnel agit aussi quand nous concluons: *«J'ai peur, donc je suis effectivement en danger»* ou *«J'ai honte, donc j'ai dû effectivement agir de façon déshonorante, et je suis indigne».*

Nos émotions peuvent être de précieuses sources d'informations auxquelles nous devons nous fier. Mais il arrive qu'elles soient aussi de mauvaises conseillères. Ainsi, il peut nous arriver d'avoir peur, même si la situation n'est pas dangereuse. Et il peut nous arriver de ressentir de la honte, alors que nous ne sommes pas humiliés. Notre raisonnement ne s'appuie ici que sur notre émotion pour déduire un état de fait, pour arriver à une conclusion. Et celle-ci peut être fausse.

Sommes-nous en train d'appliquer ce même raisonnement faussé à notre culpabilité? Sommes-nous en train de conclure que nous *sommes* coupables parce que nous nous *sentons* coupables? Plutôt que de nous fier uniquement à notre émotion, qu'est-ce que les données objectives ou qu'est-ce que notre entourage pourraient nous dire à ce sujet?

La culpabilité, comme un cilice permanent

*Si votre cœur venait à vous condamner,
souvenez-vous que le cœur de Dieu
est plus grand que le vôtre.*
Saint Jean, chap. 1-III, v.20

Vous vous souvenez des cilices? Il s'agissait de brassards ou de ceintures que l'on se serrait à la taille (ou autour d'un bras ou d'une jambe) afin de se mortifier ou de faire pénitence. Ils pouvaient être composés de tissu très rêche ou de bandes de crochets de métal qui mordaient la chair.

Si, malgré tout ce qui précède, vous continuez à vous blâmer de façon exagérée et constante, demandez-vous si votre blâme n'a pas une fonction de cilice pour vous.

Cette dureté envers vous-même vous sert-elle à quelque chose? A-t-elle une utilité malsaine?

Car nous blâmer impitoyablement peut servir à nous faire souffrir, à nous punir. Cela peut être un moyen que nous utilisons inconsciemment afin d'«expier» un comportement passé ou pour «racheter une faute», comme un cilice.

Si cela vous semble possible, demandez-vous de quelle faute vous vous punissez ainsi. Est-elle à ce point grave pour justifier une telle auto-flagellation? N'avez-vous pas déjà assez souffert de son décès pour ne pas, en plus, vous ajouter cette culpabilité constante comme châtiment? Pour vous empêcher de vivre? Pour vous éteindre?

Et puis, quand considérerez-vous que votre supplice aura assez duré? Quand aurez-vous purgé votre faute? Quand aurez-vous assez expié?

Vous pourriez trouver soulageant de faire part de votre culpabilité envahissante à une personne choisie de votre entourage, à un psychologue ou à un prêtre. Qu'en penseraient-ils? Que vous diraient-ils? Car il peut être doux de se sentir enfin entendu, accueilli, compris lorsque l'on se blâme autant. Et de se sentir absous de ce qu'on se reproche si durement...

Avez-vous aussi envisagé de partager votre sentiment de responsabilité avec la personne qui a disparu? Lui avez-vous déjà demandé ce qu'elle pensait de ce blâme que vous vous infligez? Si cela vous semble pertinent, essayez. Réservez-vous du temps, installez-vous confortablement et exprimez-lui votre culpabilité. Dites-lui comment vous vous sentez, ce que vous vous reprochez, ce que vous auriez aimé faire ou ne pas faire à la place de ce qui a été. Ne lui cachez rien. Soyez authentique et sincère. Puis, si vous le désirez, demandez-lui carrément de vous pardonner et exprimez en quoi cela serait important pour vous.

Ensuite, prenez une feuille et écrivez la réponse que pourrait vous faire votre être cher. Vous le connaissez. Qu'aurait-il tendance à vous répondre? Que vous dirait-il de faire? Que vous dirait-il de vivre? Quels seraient les conseils qu'il vous donnerait relativement à votre culpabilité envahissante? Prenez du temps pour écrire sa réponse, puis lisez-la à haute voix pour vous-même.

Et vous? Pourriez-vous envisager de vous pardonner? Pourriez-vous admettre que nous ne sommes pas parfaits en tout temps et que vous, comme nous tous, pouvez faire des erreurs ou des impairs? Que cela est humain? Enfin, pourriez-vous considérer que vous avez assez expié et vous autoriser de nouveau la légèreté, la vie?

CHAPITRE 6

L'attrait malsain du contact

Qu'es-tu devenue toi comme hier, moi j'ai noir éclaté dans la tête
j'ai froid dans la main, j'ai l'ennui comme un disque rengaine
j'ai peur d'aller seul de disparaître demain
sans ta vague à mon corps, sans ta voix de mousse humide
c'est ma vie que j'ai mal et ton absence

Le temps saigne, quand donc aurai-je de tes nouvelles
je t'écris pour te dire que je t'aime, que tout finira dans tes bras amarré
que je t'attends dans la saison de nous deux
qu'un jour mon cœur s'est perdu dans sa peine
que sans toi il ne reviendra plus

Je t'écris
Gaston Miron (1928-1996)

« Je n'ai pas défait sa chambre et je vais régulièrement me coucher sur son lit, regarder ses jouets et m'imaginer sa présence », « J'entretiens notre relation tous les jours : je lui parle constamment et je dresse toujours son couvert lorsque nous mangeons à table », « Je reste de longs moments assis à regarder des photos de nous et à pleurer. Mes enfants trouvent que c'est exagéré ».

La douceur du contact

La mort de l'être cher nous a laissés avec une sensation de vide insupportable. Il nous manque terriblement. C'est un manque presque physique, tellement douloureux qu'il en est intenable.

Alors, nous nous réfugions dans son souvenir. Nous passons de longs moments à nous remémorer le passé, à nous bercer, la tête pleine de l'autre. Quelquefois, nous pouvons presque sentir sa présence, sa chaleur. Nous avons l'impression d'entendre sa voix, son rire. C'est doux et apaisant. Cela nous fait tellement de bien.

Le choc atroce de la réalité

Et puis la réalité nous frappe violemment. Il est parti pour *toujours*. Elle ne reviendra *jamais*. Il nous faut vivre sans lui, sans elle. Et cela nous torture et nous déchire. C'est si dur, si injuste, si irréel! Nous sommes submergés par la souffrance, par le manque. C'est impossible, on ne peut pas survivre à cela, cela fait trop mal.

Maintenir le contact dans le quotidien

«Il n'est pas question que j'accepte sa mort! À la maison, tout est resté identique, comme avant. Impossible de changer quoi que ce soit», *«Je converse constamment avec elle. Je lui confie mes peines, mes espoirs, mes impressions; je lui pose des questions. Mes amis trouve qu'elle prend plus de place maintenant que quand elle était vivante».*

L'être cher est décédé, mais c'est au-dessus de nos forces de faire face au vide qu'il a laissé. Alors, dans plusieurs aspects de notre vie, nous faisons comme s'il n'était jamais parti. Nous entretenons encore notre relation. Nous lui parlons. Nous l'interrogeons. Nous cuisinons ses plats préférés. Nous écoutons ses disques favoris. Nous sommes tentés de consulter un médium pour savoir où il est, comment il va, ce qu'il voudrait que nous fassions.

La maison n'a pas changé. On conserve les objets, les vêtements, les textes, les meubles qui lui appartenaient. Sa chambre, sa garde-robe restent intactes. Leur disposition, leur odeur sont trop importantes pour nous et les toucher, encore, nous fait du bien. Toutes ces choses nous aident à traverser ces moments si douloureux. Elles nous donnent l'illusion de sa présence, et cela nous apaise un peu.

Malheureusement, plus le temps passe et moins cet effet reste positif : personne ne répond à nos interrogations, personne ne vient manger devant son couvert. Voir ces objets n'est plus apaisant, au contraire, ils mettent en évidence son *absence*, et cela nous fait mal. Ils nous torturent, nous rendent tristes, nous emprisonnent dans le passé. Notre vie ressemble à un sanctuaire qui nous coupe du monde, qui nous isole des autres.

Et la mort s'incruste dans notre quotidien.

Demandons-nous si nous avons permis à l'être aimé de partir, sereinement et sincèrement. Ou si nous sommes en train de le retenir auprès de nous. Malgré lui. Malgré son destin. Malgré la réalité.

Ce sont des indices que c'est le moment de passer à une autre étape. Entretenir tout cela a été réconfortant au début mais, maintenant, cela nous empêche de vivre la vie qui nous est destinée. Il est temps de choisir ce que l'on gardera et ce dont on se départira. On doit décider des gestes qu'on poursuivra et de ceux qu'on arrêtera.

Il n'est pas question ici d'oublier le défunt mais de faire de la place à la vie. Regardez autour de vous et demandez-vous : «*Est-ce que j'investis encore trop dans cette relation alors qu'elle n'est plus dans le réel ? Est-il possible que je me sois construit un sanctuaire qui m'empêche de prendre mon envol ? Cet objet que je garde m'aide-t-il à traverser cette épreuve ou me torture-t-il plutôt ? Est-ce que je me sens étouffé par une trop grande présence de la mort dans ma vie ?*»

Conservez les gestes et les objets qui vous font du bien, qui vous font sourire et qui vous donnent de l'énergie. Mais donnez-vous le droit d'arrêter et de laisser partir ce qui vous coupe le souffle et ce qui vous maintient dans la mort.

S'immerger dans son souvenir

«Je me dépêche de finir ma journée et de me coucher, car je sais que je pourrai enfin penser à lui, tout à ma guise, sans être dérangée», «Je reste souvent de longues heures prostré, à me bercer dans mes souvenirs ; ce sont les seuls moments où je me sens bien».

Nous avons tous eu envie de rester prostrés dans cet état de contact avec l'être disparu. Nous nous immergeons dans des instants heureux où l'autre était présent. Nous nous rappelons des anecdotes, des événements partagés. Pendant quelques minutes, quelques heures, la perte n'existe plus : il est encore là. Et cela nous fait tellement de bien. Cela nous réchauffe, nous rassure, nous fait sourire. Sa présence est presque palpable.

Ces contacts sont si bons qu'on les recherche, qu'on les anticipe avec bonheur, qu'on les provoque. Pourquoi ne pas se réserver de longs moments pour penser à elle ? Pourquoi ne pas passer de longues heures dans sa chambre ? Dans sa penderie ? À sentir son odeur ? À regarder des vidéos en pleurant ?

Et nous restons là, à nous noyer dans le souvenir de l'autre et à sentir (enfin) un peu de soulagement. Nous oublions sa mort, cet événement horrible. Nous oublions ce cauchemar de douleur qui nous habite depuis tellement de temps. Plus rien ne compte que nos moments avec l'autre. Le quotidien n'a plus d'importance et nous désertons nos tâches, nos obligations, les vivants qui nous entourent, qui nous aiment, pour nous réfugier dans ces « contacts » avec l'être disparu.

Nous restons prostrés dans un état presque hypnotique à nous réconforter dans sa « présence » et à savourer le bien-être qu'elle nous procure.

Rester en contact en souffrant de la même façon

Notre désir de rapprochement peut être si puissant qu'il peut nous pousser inconsciemment vers un contact ultime : l'adoption de comportements malsains ou de symptômes qui appartenaient au décédé. Nous pouvons commencer à fumer après que notre mari est décédé d'un cancer du poumon, conduire dangereusement comme notre fils, prendre de la drogue comme elle, souffrir de la même douleur à la poitrine, ou encore nous sentir paralysés comme notre mère décédée d'un AVC.

Ces comportements inconscients peuvent découler d'un intense désir de rapprochement qui va jusqu'à se connecter par la chair, par le corps : *«Ainsi, je lui ressemble»*, *«Comme cela, je vis vraiment ce qu'il a ressenti à la fin de sa vie»*. Ce faisant, nous nous unissons à l'autre en partageant une partie intime de son vécu. En fait, nous devenons presque l'autre.

Ces comportements peuvent aussi provenir d'un désir malsain de nous punir, d'expier une faute : *«Ainsi, je souffre autant que lui»*, *«Je partage sa douleur et je paie ce que je lui ai fait»*, *«Je me punis en ayant aussi mal»*. Cela nous ressemble-t-il ?

Telle une drogue

Lors de ces contacts avec l'être cher, notre perte n'existe plus. On a presque l'impression de sentir sa chaleur, de l'entendre, qu'il va apparaître au coin de la rue, sonner à la porte, être au bout du fil. Et cela nous fait tellement de bien.

Réconfort si illusoire et tellement futile, puisque trop tôt la réalité nous frappe, telle une gifle en plein visage : notre être aimé est *vraiment* parti. Et nous sommes, de nouveau, anéantis par la douleur. Le manque nous submerge encore. Notre souffrance est insupportable.

Nous rechercherons donc son contact de nouveau. Pour nous soulager. Encore. Et nous trouvons que cela vaut la peine malgré toute la souffrance qui s'ensuit. Et nous voudrons goûter ce rapprochement encore. Telle une drogue. Car c'est bien de cela qu'il s'agit : une drogue qui, telles les drogues dures, nous apaise un moment, puis nous lâche et nous remet face à notre détresse et à notre manque encore plus criants, nous poussant de nouveau à nous griser dans cette réalité virtuelle, nous évitant, chaque fois, d'affronter et d'accepter le vide.

Une drogue qui nous rend dépendants, car elle installe insidieusement un cercle vicieux dans notre vie : manque, contact, puis détresse, manque, puis quête du contact, etc., et ce, sans possibilité de sérénité avec le temps. Une drogue qui hypothèque notre vie et nos relations avec notre entourage.

Est-ce trop ?

Les sirènes chantaient, faisant résonner leur belle voix,
et mon cœur voulait les entendre ;
En remuant les sourcils, je fis signe à mes compagnons de me détacher ;
Mais ils agitaient plus ardemment leurs avirons et,
se levant, me chargèrent d'encore plus de liens.

Chant XII, *L'Odyssée*, Homère (VIIIe siècle av. J.-C.)

Cette recherche de contact peut être malsaine pour vous et pour ceux qui vous entourent. Vous constaterez alors que vous ne puisez pas, dans ces moments, de la sérénité qui vous aide à traverser votre deuil ou de l'énergie qui vous encourage et vous pousse vers la vie. Au contraire, ces contacts vous laissent exsangues et en grande détresse. Ils vous rendent plus tristes, accablés et isolés.

Vous pourrez aussi noter que le temps consacré à ces moments est accaparant. Vous y passez plus de trente minutes, trois fois par semaine. Vous ne consacrez plus de temps à des loisirs ou à des passe-temps que vous aimiez. Vous n'entretenez plus votre réseau social. Vous manquez de concentration, car vous êtes ailleurs. Vous désertez votre vie.

Demandez-vous (et méfiez-vous) si le disparu reste votre principal investissement émotionnel encore plusieurs mois après son décès. Des contacts sains nous poussent vers les autres, nous encouragent vers le bien-être. Vos «moments» constituent-ils des pièges exclusifs ? Est-ce qu'ils sont motivés par une envie d'expier un manquement passé ou de prouver votre «loyauté» ? Est-ce qu'ils vous isolent ? Est-ce qu'ils vous dévitalisent ?

Êtes-vous en train de faire durer quelque chose qui n'existe plus ?

Entendez votre entourage s'il se dit inquiet et vous envoie le message que «c'est exagéré». Bien sûr, nous ne vivons pas notre vie en fonction du jugement des autres, mais il peut arriver qu'ils nous renvoient des reflets importants et légitimes de notre comportement... Reflets qu'il faut savoir écouter, quelquefois. Est-ce que vos enfants, vos parents trouvent que vous passez trop de temps à penser à la personne disparue ?

À entretenir votre relation avec elle? Est-ce que votre entourage s'inquiète de la distance qu'ils perçoivent chez vous?

Pourquoi ne pas entendre par là que des gens nous aiment, s'ennuient de nous et s'inquiètent de notre état? Que nous avons le droit de nous tourner vers les vivants et non pas d'investir dans une relation qui ne peut plus être? Qu'il est légitime de passer notre temps autrement?

Quand vous sentez monter ce désir de rapprochement, demandez-vous si ce contact est bon pour vous ou si, tout compte fait, il n'ajoutera pas plus de douleur à celle que vous ressentez déjà. Assurez-vous qu'il ne dure pas trop longtemps et ne soit pas trop fréquent. Qu'il ne vous fait pas délaisser des vivants qui vous entourent et qui vous aiment. Qu'il vous donne de l'énergie et non pas qu'il vous dévitalise. Et restez alerte: un cercle vicieux pourrait s'installer.

Nous n'abandonnons pas l'être cher. Nous resterons, toujours, loyaux à sa mémoire. Et notre manque restera présent. Mais il n'a plus besoin de nous. Il est bien actuellement. Et nous avons le droit de poursuivre notre route et d'investir dans notre vie.

Chapitre 7

Apaiser mes réactions post-traumatiques

Où serait le mérite,
si les héros n'avaient jamais peur ?

Tartarin de Tarascon
Alphonse Daudet (1840-1897)

« Dès que je vois une ambulance, j'ai le cœur qui palpite et je tremble de tout mon corps », « Je n'ai jamais été capable de reprendre la voiture depuis notre accident », « Quand je vois sa poupée, des souvenirs d'elle en train de jouer s'imposent à mon esprit, et cela me fait tellement mal », « Je suis toujours en état d'alerte. Je crains constamment qu'un autre drame se produise ».

Son décès nous a complètement bouleversés et nous avons été envahis par la tristesse et la colère. Or, à la suite d'un tel événement, nous ne vivons pas que des réactions de deuil. Nous pouvons aussi souffrir de réactions post-traumatiques. Et celles-ci, même si elles sont très courantes et douloureuses, sont pourtant beaucoup moins connues.

Les symptômes post-traumatiques peuvent se manifester de quatre façons : 1) les réactions conditionnées à sa mort, 2) les comportements d'évitement, 3) les reviviscences post-traumatiques, 4) l'état d'alerte constant.

Ces différentes réactions peuvent s'ajouter à nos symptômes de deuil et entraîner beaucoup de souffrance. Elles peuvent aussi restreindre de façon importante notre qualité de vie, notre liberté de mouvement et notre autonomie.

J'ai des réactions intenses en présence d'éléments associés à sa mort

«J'ai ressenti tout de suite des palpitations et des sueurs froides en regardant ce film. Les scènes de réanimation cardiaque m'ont vraiment trop rappelé ce que j'avais vécu», «Je suis tombé par hasard sur une photo d'elle, j'en ai été bouleversé pendant des heures», «Un homme portait le même parfum que lui; quand je l'ai senti, les larmes me sont tout de suite montées aux yeux», «J'ai repris le bateau pour la première fois depuis sa noyade, mon cœur battait à tout rompre».

Les éléments qui étaient présents lors de sa mort ont été témoins de notre désespoir, de notre horreur. Le lieu, les objets, les bruits, les odeurs, les gens qui étaient là ont été associés au pire événement de notre vie. Ils ont été étroitement liés à notre détresse intense. Ils sont devenus «contaminés» par cet événement: on dit qu'ils ont été *conditionnés*.

Que signifie «être conditionné»? Cela veut dire que, par la suite, le simple fait de voir un de ces éléments fera remonter la détresse intense qui y a été associée. Ainsi, un maillot de bain dans une vitrine peut être anodin pour la majorité des gens, mais pas pour le parent qui a perdu sa fille alors qu'elle portait un vêtement similaire. S'il a été conditionné, ce maillot induira une énorme réaction de détresse psychologique et physique: *«Je faisais tout simplement les boutiques avec une amie. Puis je suis tombée sur cette vitrine. Je me suis effondrée. J'étais en larmes, le cœur voulait me sortir de la poitrine. Personne ne saisissait ce qui se passait. Même moi, cela m'a pris du temps à comprendre.»*

Lorsque nous sommes exposés à un de ces éléments conditionnés, nous pouvons ressentir de la détresse psychologique (*«Quand je sens cette odeur, cela me rend tellement triste»*, *«Quand je vais à cet endroit, j'ai peur, je me sens vulnérable»*), c'est-à-dire éprouver plusieurs émotions intenses et douloureuses.

Mais les éléments conditionnés peuvent aussi provoquer de la détresse physique : *« Quand je regarde cette maison, ce carrefour, cet objet, j'ai des palpitations, des tremblements, des sueurs froides, des étourdissements. »* Notre anxiété, notre désespoir, notre manque ou notre dégoût s'expriment alors corporellement. Ces réactions physiques sont très désagréables et peuvent, parfois, nous inquiéter : *« Sont-elles anormales ? »*, *« Suis-je en train de faire une crise cardiaque ? »*, *« Est-ce que cela peut me faire m'évanouir ? »*, *« Suis-je en train de perdre le contrôle ou de devenir fou ? »*. Ces craintes ne sont pas fondées, car les réactions physiques conditionnées sont très inconfortables, mais elles ne sont pas dangereuses. Le corps réagit ainsi afin de nous indiquer que cet élément (situation, objet, bruit, odeur) a été associé à une situation passée très douloureuse. Il s'agit de réactions tout à fait normales, temporaires et inoffensives, et ce, même si nous les trouvons très désagréables.

Les éléments conditionnés peuvent provoquer diverses émotions en nous :

De la tristesse : conditionnement avec la perte

Certains éléments sont associés à l'ennui de l'autre. Ils nous rappellent nos moments en sa compagnie, sa présence qui nous manque tant. Ils provoqueront de la tristesse, de la nostalgie : *« Quand je vois la pipe de papa qui est décédé si subitement, j'ai les larmes aux yeux et je ressens un manque profond de sa présence »*, *« Lorsque j'ai trouvé son collier au fond de mon tiroir, j'ai senti une intense bouffée de tristesse et j'ai été obligé de m'asseoir tant cela m'a submergé »*, *« La chaise dans laquelle il s'assoyait si souvent me rend triste. Mon Dieu que je m'ennuie de lui ! »*.

Du dégoût : conditionnement avec l'horreur

Certains éléments ont plutôt été associés à l'horreur de sa mort. Lorsque nous sommes de nouveau en contact avec eux, ils nous rappellent des détails horribles liés à ce qui s'est passé. Ils nous font frissonner et induisent de la répulsion ou du dégoût : *« Quand je vais chez mes parents et que je vois le garage où mon père s'est enlevé la vie, je suis toute tremblante »*, *« La viande crue me donne la nausée depuis que j'ai vu mon meilleur ami déchiqueté par une explosion lors de notre mission au Kosovo »*, *« La salle de bain me fait horreur et mon corps frémit quand j'y entre. C'est là qu'il s'est effondré»*, *«L'odeur des poissons, des crustacés ou l'odeur salée de la mer me révulse depuis le tsunami. Cela me rappelle trop notre drame».*

De la peur : conditionnement avec la précarité de la vie

Enfin, d'autres éléments ont été conditionnés avec le danger ou la fragilité de la vie. Nous ne leur faisons plus confiance et ils provoquent maintenant de la peur en nous : *«J'ai perdu mon mari en mer et son corps n'a jamais été retrouvé. Depuis, j'ai peur de prendre le bateau et je me sens très inquiète quand un de mes fils doit prendre le large. Je ne comprends vraiment pas que des gens passent leurs vacances en croisière, alors que c'est si dangereux!»*, *«Ma meilleure amie est décédée dans un terrible accident de la route. J'ai longtemps évité de conduire par la suite. Maintenant, j'y arrive, mais seulement si j'y suis obligée. J'ai peur, je tremble et je suis toute en sueur»*, *«Depuis que mon frère est décédé d'une crise cardiaque foudroyante, je ne peux pas m'empêcher de considérer mes palpitations comme un signe alarmant. Je me scanne régulièrement le corps afin de m'assurer que tout va bien et j'ai tendance à paniquer quand je pense que j'ai un symptôme anormal».*

Y a-t-il des situations ou des objets qui provoquent des réactions désagréables chez vous depuis son décès ? Des sons, des bruits, des chansons ou des musiques ? Certaines odeurs ? Des personnes ? Quelles sont les émotions que vous ressentez lorsque vous êtes en contact avec ces éléments ?

J'évite tout ce qui est associé à sa mort

«Je ne veux pas retourner là-bas, cela me bouleverse trop», *«J'ai rénové complètement la pièce où cela s'est passé, j'étais incapable de la voir dans le même état que lors de sa mort»*, *«Je me sens très mal dans un hôpital ou dans un salon funéraire, et j'y reste le moins possible»*, *«Je détourne les yeux quand je passe devant, c'est plus fort que moi».*

Le processus de conditionnement qui s'est produit lors de sa mort est tellement puissant que même si l'on *sait* que notre émotion est irrationnelle ou exagérée, c'est plus fort que nous : nous ressentons une détresse psychologique et physique dans certaines situations associées à notre drame. Et c'est tellement souffrant que nous voudrons éviter ces situations par tous les moyens, par la suite.

Cette tendance à l'évitement est compréhensible : certains éléments ont été associés à notre immense choc et provoquent depuis des émotions intenses quand nous sommes en leur présence. Pourquoi souffrir autant alors que les éviter peut nous soulager ?

Vous avez sûrement fui des éléments ou des objets conditionnés sans le savoir. Vous avez évité de vous retrouver dans un lieu, dans une pièce, dans une situation qui pouvaient vous rappeler certains détails de sa mort. Vous avez peut-être esquivé des gens, des loisirs, des activités qui y étaient associés, éteint la télé ou la radio quand le sujet vous interpellait, ou échappé à des conversations parce que vous craigniez que cela fasse remonter des émotions douloureuses.

Il est possible aussi que vous ayez évité des éléments plus internes : des pensées, des émotions ou des sensations physiques qui étaient associées à votre perte et qui provoquaient chez vous de la détresse.

Ces comportements traduisent de l'évitement : nous fuyons les situations qui sont associées au décès, car elles provoquent chez nous trop de tristesse, de sentiments d'horreur ou d'anxiété. Est-ce sain d'éviter ainsi ? Est-ce utile de fuir ? Cela va-t-il s'atténuer avec le temps ? En fait, la réponse est oui et non. Oui, cette réaction est très courante chez ceux qui ont vécu une mort traumatique. Elle peut même être saine à court terme, car elle nous soulage momentanément en attendant que nous reprenions des forces.

Malheureusement, si cette attitude se cristallise, elle risque de devenir notre nouvelle façon d'être. En effet, éviter est tellement soulageant que nous pouvons avoir tendance à recommencer encore et encore. Ainsi, nous pouvons fuir des situations qui nous bouleversent, nous abstenir de faire certains gestes car cela est trop lié à notre perte, éviter de nous trouver dans un lieu qui nous fait penser à ce que nous avons vécu, refuser des invitations, nous éloigner de certaines personnes, etc. Cela peut gravement affecter notre autonomie, notre qualité de vie, notre réseau social. Et nous aurons tendance, avec le temps, à éviter de plus en plus de situations, et ce, de plus en plus souvent, car après tout éviter fonctionne ! Cela nous soulage... à court terme.

Éviter ainsi nuit non seulement à notre qualité de vie et à notre autonomie, mais aussi à notre processus de deuil. Cela contribue à maintenir notre peur face à certaines situations sans permettre que nous les apprivoisions. Cela empêche que nous transcendions le trauma. Des situations ou des objets conservent leur pouvoir de nous horrifier, de nous terrifier, de nous donner des palpitations. Nous ne sommes plus libres mais dépendants de ce qui nous entoure, et dans un état d'alerte permanent.

Tentons d'évaluer si nous évitons certaines situations depuis sa mort et si cet évitement nuit à notre qualité de vie ou à notre fonctionnement. Et puis évaluons si cette réaction se généralise avec le temps. Enfin, gardons en tête que l'évitement peut nous pousser vers l'alcool : l'anxiété est tellement désagréable que nous pouvons trouver dans cet expédient un moyen malsain de nous apaiser. Et, plutôt que de laisser monter les émotions douloureuses, nous pouvons avoir tendance à boire afin de les noyer. Restons vigilants devant cette tentation dangereuse.

J'ai des reviviscences qui me hantent sans cesse

« Je n'arrête pas de faire des rêves étranges et violents depuis son décès », « Hier, en conduisant, j'ai eu l'impression que j'entendais le bruit de l'accident, et pourtant il n'y avait rien ! », « Je ne peux pas me rappeler son visage autrement que déformé par la mort, et ces images me reviennent en tête sans arrêt », « Quand j'ai senti cette odeur de brûlé, des images de l'incendie se sont tout de suite imposées à mon esprit ».

Les reviviscences désignent des moments où nous avons l'impression de revivre le traumatisme : des souvenirs, des pensées, des sensations liés au décès s'imposent à notre esprit sans prévenir. Des images nous submergent aux moments les plus inattendus, des impressions remontent, des rêves reliés à sa mort perturbent notre sommeil.

Nous sommes submergés par des souvenirs que nous ne contrôlons pas et qui nous bouleversent. Pourquoi vivons-nous cela? En fait, nos reviviscences peuvent apparaître pour trois raisons:

Parce que nous sommes en contact avec un élément conditionné.

Lorsque nous sommes en contact avec un élément conditionné, cela peut faire remonter des images qui y sont associées. Ainsi, voir un vase qui appartenait à notre conjointe peut faire remonter des images de son visage ou du moment où nous avons acheté ce vase ensemble; voir du sang car notre collègue vient de se couper, peut faire remonter des images de l'accident de la route; sentir une odeur de terre peut réactiver des sensations physiques douloureuses liées à son enterrement.

Parce que sa mort n'a pas été pleinement acceptée.

Nos reviviscences peuvent être des indices que sa mort reste très problématique pour nous et qu'elle est encore une source d'émotions douloureuses extrêmement intenses. Cette perte a constitué un choc incroyable à encaisser: elle a été soudaine, imprévisible, elle a remis en question nos conceptions fondamentales de la vie et de la nature humaine, et elle a bouleversé complètement notre existence. Il est impossible d'intégrer rapidement tout cela. Comment accepter cette mort qui nous révolte? Comment mesurer l'impact de cette perte sur notre vie? Comment «digérer» cet événement, le faire nôtre, afin de poursuivre notre vie sereinement? Pour le moment, ce n'est pas possible.

Conséquemment, ces informations et ces émotions sont entreposées dans notre système sans avoir été digérées. Elles vont s'imposer à notre conscience sous forme de souvenirs soudains, d'images intrusives ou de cauchemars. Pourquoi? Pour que nous prenions conscience que nous devons nous en soucier, que nous ne pouvons pas «faire comme si» tout allait bien. Nous devons nous occuper de ce qui nous torture, de ce que nous n'acceptons pas.

Parce que nous les évitons.

Plus nous évitons certaines images mentales, plus elles reviendront à notre conscience avec fréquence et intensité. Ainsi, nous efforcer de chasser son souvenir de notre mémoire, nous distraire lorsque des *flash-backs* reviennent à notre conscience, tenter de «mettre cela derrière nous», éviter d'y penser ou faire des efforts pour refouler des souvenirs trop désagréables peut soulager à court terme, mais contribue à maintenir nos reviviscences à long terme. En effet, plus on tente de réprimer une pensée, plus le cerveau comprend que cette information est significative, importante, et plus il va la ramener à notre attention. Ce cercle vicieux entraîne beaucoup de détresse: «*Plus j'évite, plus l'image revient, et plus elle revient, plus je tente de l'éliminer; mais malheureusement, plus conséquemment, elle me hante et me perturbe.*» Et cela se maintient dans le temps, sans amélioration: certaines images nous dérangent, et plus nous tentons de les refouler, plus elles reviennent avec fréquence et intensité.

Je suis tout le temps en état d'alerte

«*Je n'arrive pas à m'endormir avant quatre heures du matin et je me lève épuisé*», «*Mon conjoint me trouve particulièrement agressive et irritable. Un rien m'énerve, je n'ai plus de tolérance!*», «*J'oublie tout! Je vais faire mon épicerie et je ne me souviens pas de ce que je devais acheter; je lis un livre et je suis obligée de recommencer sans cesse le même paragraphe*», «*Je suis toujours sur le qui-vive, à craindre une autre tragédie. Le moindre coup de téléphone me fait paniquer*».

Nous venons de vivre le pire événement de notre vie. L'impensable a eu lieu. L'impossible s'est produit. Est-ce la fin des mauvaises nouvelles? Est-ce que cette malchance va continuer à nous tourmenter? Notre corps et notre âme craignent un autre drame.

La mort nous a pris par surprise et, inconsciemment, notre système tente de prévenir une autre horreur. Il se dit que «si cela s'est produit une fois, cela peut bien se produire une deuxième fois». Alors, nous sommes constamment en état d'alerte, à craindre que le ciel nous tombe de nouveau sur la tête, à tenter de nous protéger.

Cela rend notre quotidien intenable. Notre état d'alerte perturbe notre sommeil, notre appétit, notre humeur, notre capacité de faire confiance. Comment s'abandonner à la vie en toute sécurité quand on vient d'être frappé de plein fouet par l'adversité ? Notre état érode aussi notre tolérance : nous nous sentons impatients, irritables, plus rigides. Et nous constatons chez nous d'importantes pertes de concentration ou de mémoire : oublis fréquents, difficulté à lire ou encore à écouter la télévision ou la radio sans perdre le fil. Notre système est occupé à s'inquiéter ailleurs, et cela nous empêche de porter notre attention sur le moment présent : nous nous sentons distraits, plongés dans nos pensées ; les autres nous font la remarque que nous « ne sommes pas là ».

On vit avec deux cerveaux qui fonctionnent en parallèle : un qui s'inquiète sans cesse et nous abreuve de scénarios catastrophiques, et l'autre qui tente de faire comme si tout allait bien et qui vaque au quotidien.

Nous pouvons craindre une menace extérieure (un autre drame, un accident) ou une menace intérieure (une anomalie physique, une maladie, une crise cardiaque, un AVC). Conséquemment, nous porterons notre vigilance sur ce qui se produit dans notre environnement ou alors sur notre état interne (nous *scanner* sans arrêt, dramatiser le moindre symptôme hors de l'ordinaire).

Mes réactions post-traumatiques

Notez ici la présence de réactions post-traumatiques dans votre vie quotidienne. Cette évaluation vous permettra de mieux déterminer celles qui vous sont spécifiques. Elle vous donnera aussi la possibilité de mesurer leur impact sur votre qualité de vie.

MES RÉACTIONS POST-TRAUMATIQUES	NON	OUI
Réactions conditionnées		
• Je me sens en détresse lorsque je suis en contact avec des éléments associés à sa mort.		
• J'ai des réactions physiques désagréables quand je suis en contact avec des éléments associés à sa mort.		

MES RÉACTIONS POST-TRAUMATIQUES *(suite)*	NON	OUI
Évitement		
• Je fais tout pour éviter des éléments internes associés à ce que j'ai vécu (pensées, images, émotions, souvenirs).		
• Je fais tout pour éviter des éléments externes associés à ce que j'ai vécu (lieu, objets, bruits, odeurs).		
Reviviscences		
• Des pensées, des souvenirs ou des images s'imposent à mon esprit alors que je ne le désire pas.		
• Je fais des rêves désagréables depuis sa mort.		
• À certains moments, j'ai l'impression de revivre l'événement (*flashbacks*).		
État d'alerte		
• Je me sens tout le temps en état d'alerte, hypervigilant.		
• Je me sens beaucoup plus irritable.		
• Je suis constamment nerveux et je sursaute très facilement.		

Cotation du questionnaire :

Nombre de facteurs aggravants au total : _____ sur 10.

Plus notre nombre de facteurs se rapproche de 10, plus nos réactions post-traumatiques sont intenses.

Analyse des réactions par sous-section :

- Nombre de *réactions conditionnées* : _____ sur 2.
  Votre cote × 100 divisé par 2 = _____ %.

- Nombre de réactions d'*évitement* : _____ sur 2.
  Votre cote × 100 divisé par 2 = _____ %.

- Nombre de réactions de *reviviscence* : _____ sur 3.
  Votre cote × 100 divisé par 3 = _____ %.

- Nombre de réactions d'*état d'alerte* : _____ sur 3.
  Votre cote × 100 divisé par 3 = _____ %.

Quelle réaction est la plus fréquente chez vous ? Quelle est celle qui vous dérange le plus dans votre quotidien ?

De quelle façon mon évitement entretient-il ma détresse?

Avec le temps, nous avons de plus en plus tendance à éviter certaines situations. Et celles-ci deviennent de plus en plus aversives. Pourquoi?

D'abord parce que l'évitement fonctionne très bien et nous soulage rapidement. En fait, il est tellement efficace et rapide qu'il joue le rôle d'un **renforçateur puissant sur deux plans**:

Notre évitement renforce notre peur. Bien sûr, à court terme, il nous donne d'abord l'impression qu'il assure notre bien-être: *«Depuis, que je ne conduis pas, je n'ai eu aucun accident»*, *«Depuis que j'évite le sous-sol, je me sens beaucoup mieux»*. Mais, insidieusement, il renforce notre perception du potentiel dangereux de la situation évitée: *«Conduire est extrêmement dangereux»*, *«Descendre dans le sous-sol est mauvais, je n'irai plus jamais»*. Notre peur est donc alimentée par notre évitement et s'aggravera avec le temps. En effet, en évitant ces situations, on ne se permet jamais de constater que *même si* on est en contact avec un élément associé au décès, nos émotions sont tolérables et qu'un autre drame ne se produit pas: *«Il est possible de conduire sans avoir d'accident»*, *«Je peux descendre dans le sous-sol sans être témoin d'un autre suicide»*.

Notre évitement renforce l'évitement. En effet, comme il nous apaise rapidement, il semble la «chose à faire» et cela renforce notre tendance. Autrement dit, la prochaine fois que nous serons en contact avec un élément qui induira de la détresse, notre corps se souviendra que fuir a déjà bien fonctionné pour nous dans le passé et il aura tendance à adopter ce comportement automatiquement: *«Cela m'a déjà soulagé, alors pourquoi m'en priver?»* Nous aurons donc tendance à éviter de plus en plus souvent parce que nous savons que cela peut nous apaiser rapidement.

Bref, l'évitement procure un soulagement immédiat et spectaculaire *à court terme*. Le problème n'est pas là, il est plutôt *à long terme*. Car ce qu'il faut vraiment réaliser, c'est que l'évitement est une stratégie inefficace et malsaine avec le temps: il entretient notre peur et il s'autorenforce. Cela explique pourquoi, même des années plus tard, nous continuons à craindre et à éviter certains lieux, certains objets ou certaines activités (que nous effectuions pourtant sans problème avant sa mort), et ce, sans constater d'amélioration avec le temps.

L'expérience de Nathalie

Nathalie a perdu son amoureux par suicide. En rentrant chez elle après le travail, elle constate que son conjoint est déjà à la maison, car sa voiture est stationnée devant. Elle entre. Elle le salue. Sans réponse. Elle l'appelle de nouveau. Pensant qu'il est en train de faire une sieste, elle inspecte leur chambre, puis jette un coup d'œil dans le salon. Comme il n'est pas là, elle imagine alors qu'il est parti faire un tour de moto. C'est leur passe-temps favori à tous les deux. Ils adorent arpenter les routes sur de longues distances sur leurs bolides. C'est d'ailleurs dans un club de moto qu'ils se sont rencontrés, et leurs amis de ce club restent très importants pour eux. Alors, pour s'assurer qu'il est sorti, elle va dans le garage, et c'est alors qu'elle le voit : il s'est pendu à une poutre. Sa moto est couchée sous lui, car il l'a utilisée pour se hisser.

Cela fait deux ans qu'il est décédé et Nathalie est encore incapable de voir une moto sans être bouleversée. Quand elle en aperçoit une, cela la rend très triste et fait remonter en elle beaucoup de souvenirs douloureux et de sensations physiques désagréables : panique, palpitations, gorge serrée, tremblements, impression d'étouffer. Elle détourne alors le regard et refuse toutes les invitations de ses anciens amis qui désirent se promener en moto avec elle. Elle a vendu celle de son conjoint mais a été incapable de se départir de la sienne, même si elle pense ne jamais pouvoir la conduire à nouveau. Elle ne participe plus aux rassemblements et aux activités de son club de moto.

Dans la situation de Nathalie, le conditionnement entre les motos et ses émotions d'horreur, de tristesse et de manque est clair. La moto est maintenant associée au pire événement de sa vie, à l'horreur de ce drame. Son évitement est parfaitement compréhensible. Elle a bien essayé de rouler une fois ou deux sur sa moto, depuis, mais ses réactions anxieuses étaient tellement désagréables qu'elle a vite arrêté et l'a remisée en se disant : « *Voilà, je savais bien que je n'étais plus capable. Je me sens beaucoup mieux depuis que j'ai pris la décision de ne jamais plus en faire.* » Son évitement a renforcé le conditionnement aversif avec sa motocyclette. De plus, son évitement s'est renforcé avec le temps : faire de la moto lui semble de plus en plus inaccessible.

Or, Nathalie souffre beaucoup de ne plus rouler en moto : c'était un grand bonheur pour elle, et ce, même avant de rencontrer son conjoint. Elle adorait la sensation de rouler en plein air et s'y sentait particulièrement libre. Cela lui manque. Et puis, en ne retournant pas au club, elle ne côtoie plus son grand réseau social et s'en ennuie. Elle se sent oisive et isolée.

Pour mieux comprendre Nathalie, observons ce qui se passe concrètement dans une situation d'évitement : la ligne horizontale de l'illustration suivante désigne le temps (plus vous regardez la courbe vers la droite, plus le temps passe), alors que la ligne verticale à gauche symbolise le niveau de détresse (plus c'est haut, plus le niveau est élevé).

La courbe d'évitement

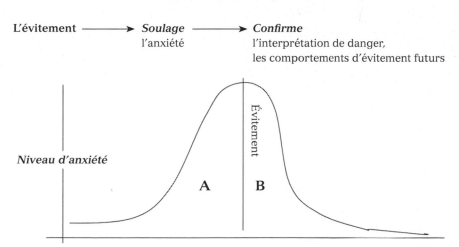

On peut observer que la détresse de Nathalie augmente (section A) quand elle voit ou quand elle prend sa moto : elle se sent très anxieuse, triste et ressent des sensations physiques de plus en plus désagréables. Sa détresse s'accentue jusqu'à ce qu'elle commence à paniquer et qu'elle décide brusquement de revenir à la maison ou de détourner le regard : c'est la ligne verticale au centre du graphique qui symbolise le comportement d'évitement.

La pente qui suit illustre bien la baisse spectaculaire et immédiate de sa détresse (section B) après l'évitement. Nathalie se sent beaucoup mieux une fois rendue chez elle, elle recommence à respirer et se sent en sécurité. Elle se dit qu'elle a bien fait, qu'elle est maintenant beaucoup mieux, que la moto n'est décidément plus pour elle. Ce comportement la soulage à court terme mais, malheureusement, son inconfort face à la moto restera intact. La prochaine fois qu'elle sera confrontée à une motocyclette, elle se sentira tout aussi bouleversée et aura de nouveau tendance à éviter. Cette « stratégie » maintiendra le conditionnement aversif associé à la moto et son évitement deviendra chronique. Elle ne verra aucune amélioration de son état au fil des années.

Comment diminuer
mes réactions post-traumatiques ?

La peur est habituellement un état qui nous indique qu'il y a un danger et que nous devons nous protéger. Par contre, après une mort traumatique, notre anxiété n'est plus un signe fiable sur lequel nous pouvons compter pour bien évaluer une menace. Notre peur n'est plus nuancée et spécifique, elle est exagérée et s'est généralisée à plusieurs situations. Ainsi, la détresse de Nathalie à la suite du suicide de son conjoint a conditionné la moto de celui-ci. Mais son inconfort s'est ensuite généralisé à sa motocyclette à elle, puis à toutes les motos, puis au club, aux magazines sur le sujet, etc.

L'anxiété est certes un sentiment très inconfortable, mais ce n'est pas un état dangereux. On sait qu'elle ne peut pas nous tuer, induire une crise cardiaque ou un évanouissement, nous rendre fous ou nous faire perdre le contrôle. On sait aussi que pour diminuer notre peur dans une situation que nous craignons, nous devons vivre un *processus d'habituation*. Le processus d'habituation désigne le phénomène par lequel notre corps s'habitue doucement à un élément lorsqu'on s'y expose en douceur et de façon hiérarchisée. Il permet de diminuer nos craintes ou notre détresse face à un élément conditionné.

Conséquemment, qu'est-ce que Nathalie pourrait faire afin de diminuer *à long terme* son inconfort face à la moto ? En fait, elle pourrait tenter d'abord de s'y habituer dans une situation *plus facile* que de la conduire, c'est-à-dire la regarder ou la laver, par exemple. Puis elle pourrait tenter de tolérer son niveau de détresse, et ce, pendant un long moment (idéalement au moins 45 minutes). Cette stratégie permettrait à son corps de s'habituer en douceur à un élément qui est associé à sa perte traumatique.

Le graphique de sa détresse serait alors totalement différent : on remarquerait une montée d'anxiété, mais celle-ci serait moins élevée que dans la courbe précédente puisque Nathalie s'exposerait à une situation plus facile que ce qu'elle s'impose habituellement. Puis, avec le temps, tout en restant près de sa moto, Nathalie se permettrait de prendre contact avec sa détresse et de pleurer. Elle laisserait les souvenirs et les sensations physiques monter doucement en elle et se permettrait de les vivre au lieu de les fuir ou de les refouler. Elle pourrait constater que, oui, ce sont des sensations douloureuses mais pas insupportables, pas dangereuses. Que les souvenirs sont durs mais qu'ils ne la submergent pas de façon insoutenable. Conséquemment, elle ressentirait que son anxiété monte mais qu'elle atteint un plateau, puis qu'au fur et à mesure, tout en restant sur place, son corps se détend. Ses palpitations sont moins intenses. Sa tension physique se relâche lentement. Bref, sa détresse diminue doucement et graduellement, et ce, *même si* elle reste en contact avec l'élément tant redouté, c'est-à-dire sa moto. Elle ressentirait ainsi pleinement le *processus d'habituation*.

Le processus d'habituation
pendant les expositions répétées

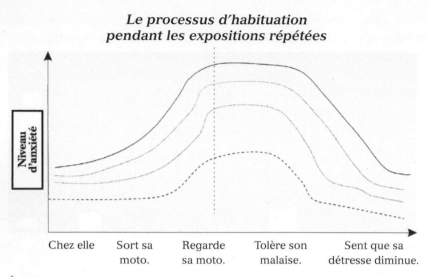

| Chez elle | Sort sa moto. | Regarde sa moto. | Tolère son malaise. | Sent que sa détresse diminue. |

Échelle : les différents pointillés correspondent à différents essais du même exercice. Nous voyons ici que plus la personne s'expose à la même situation, plus son niveau d'anxiété est bas.

Nathalie essaie le *même exercice* pendant toute la semaine : ses courbes d'habituation montrent une anxiété de moins en moins intense.

Dans les jours qui suivent, Nathalie devrait refaire et refaire ce même exercice jusqu'à ce qu'elle sente que sa douleur s'atténue et qu'elle se sent capable de tolérer la situation avec un peu plus de calme. Son niveau de détresse diminuerait à chaque essai, et c'est ce que démontre le graphique du processus d'habituation : notre système comprend que ce que nous craignons ne se produit pas, que nous pouvons tolérer un inconfort moyen sans le fuir, et que notre détresse diminue non pas parce que nous fuyons, mais bien parce que nous nous habituons très graduellement à un élément associé au décès. Les différentes courbes correspondent à différents essais du même exercice. Nous voyons ici que plus nous nous exposons à la même situation, plus notre niveau de détresse baisse de fois en fois. À chaque tentative, c'est donc de plus en plus facile.

L'évitement est donc une stratégie qui est efficace à court terme (elle soulage rapidement) mais qui nous nuit profondément à long terme. À l'inverse, l'habituation est une stratégie désagréable à court terme (les sensations physiques pendant l'exposition ne sont pas confortables) mais qui est très efficace à long terme (avec le temps, elle nous permet de retrouver notre qualité de vie).

Qu'est-ce que l'exposition graduelle *in vivo*?

L'exposition graduelle *in vivo* est une stratégie qui permet d'apprivoiser *très graduellement* des situations qui ont été associées négativement à une situation perturbante. Il s'agit d'une stratégie qui permet de diminuer les symptômes post-traumatiques et qui favorise un regain de confiance en nous et d'autonomie dans notre quotidien. Tranquillement, avec la pratique régulière, la situation aversive ne nous bouleverse plus et ne restreint plus notre qualité de vie.

L'exposition graduelle *in vivo* vise à favoriser chez nous une expérience d'habituation «sur le terrain», c'est-à-dire non pas en théorie ou en imagination, mais bien *in vivo*. Avec cette stratégie, nous sommes exposés *en douceur* et de façon *très graduelle* à un élément qui nous fait peur.

Cette stratégie favorise une relation différente avec les éléments conditionnés: elle exige que l'on s'expose à une situation selon une hiérarchie précise d'exercices, c'est-à-dire le plus facile d'abord. Ainsi, notre niveau d'anxiété lors du premier exercice est plus bas que ce que l'on s'impose habituellement. De plus, l'exposition graduelle *in vivo* nous demande de tolérer nos sensations d'anxiété plutôt que de fuir la situation, tel que nous le faisions auparavant. Cela nous permet de réaliser que cette situation spécifique n'est pas dangereuse en soi, mais qu'elle a simplement été associée à une expérience très pénible dans le passé. Cela permet aussi de prendre conscience que notre anxiété n'atteint pas des niveaux insupportables, mais qu'elle se stabilise plutôt à un plateau tolérable lorsqu'on la tolère assez longtemps, et puis que notre niveau d'inconfort diminue au fur et à mesure de l'exercice, car la tragédie que nous appréhendons ne se produit pas.

À l'inverse de l'évitement, les exercices d'habituation *ne sont pas* soulageants à court terme : ils sont désagréables. Cependant, à long terme, ils permettent de remettre en question nos interprétations de dangers. Ils entraînent donc une *spécificité du trauma*, c'est-à-dire que cela nous permet de réaliser que ce qui nous est arrivé est exceptionnel et spécifique et que nous ne pouvons pas généraliser notre détresse à toutes les situations qui lui ressemblent.

Comment apprivoiser des situations qui sont associées à sa mort et que j'évite depuis ?

Nous allons voir ensemble comment vous pouvez *doucement* apprivoiser certaines situations qui provoquent en vous de la détresse. Dites-vous dès maintenant que vous utiliserez ces procédures en respectant votre rythme et vos limites. Bien sûr, il ne sera pas agréable d'affronter (même en douceur et graduellement) certaines situations difficiles et vous devez vous attendre à ressentir quelques malaises physiques. Rappelez-vous, cependant, qu'ils ne sont pas dangereux et qu'ils ne sont pas le signe qu'un autre drame est en train de se reproduire.

• Étape 1 : Dressez une liste des situations évitées depuis sa mort.

Pour commencer, prenez en note toutes les situations que vous évitez actuellement. Il s'agit ici de faire un inventaire le plus large possible des éléments et des situations qui vous font peur. Pour chacune d'elles, évaluez à quel point elles vous bouleversent, et ce, sur une échelle de 0 à 100. Ce sont les NAS : les niveaux d'anxiété subjectifs. La cote 0 indique que vous êtes très calme et parfaitement à l'aise ; la cote 30 souligne que vous commencez à ressentir un peu de détresse ; la cote 50 signale que votre inconfort est moyennement tolérable mais bien présent ; la cote 80 correspond à un niveau élevé où vous vous sentez très troublé, vos sensations physiques sont très désagréables et vous vous sentez presque en panique ; la cote 100 est l'extrême du continuum : votre souffrance est au maximum, vous fuyez la situation ou vous la tolérez à peine, votre panique vous empêche de réfléchir adéquatement, vous perdez vos moyens et vous êtes submergé par le souvenir du décès ou par le manque de l'autre. Prenez quelques minutes pour bien répertorier et graduer les situations qui vous font peur dans votre vie quotidienne.

Si nous reprenons l'exemple de Nathalie, voici de quoi aurait l'air sa liste :

Liste de situations évitées	NAS (%)
Faire de la moto dans mon quartier	65
Faire de la moto sur une longue distance	70
Aller dans mon garage	75
Voir des modèles de moto qui ressemblent au modèle qu'avait mon conjoint	80
Aller aux activités de mon club de moto	85
Écouter des gens échanger sur le suicide	90

• Étape 2 : Construisez une hiérarchie d'exercices.

Une fois que vous avez dressé une liste de toutes les situations qui vous font peur et que vous avez indiqué votre NAS pour chacune d'elles, vous êtes prêt à construire votre hiérarchie d'exercices, c'est-à-dire une liste d'exercices gradués selon leur niveau de difficulté (du plus facile au plus difficile).

Pour ce faire, prenez d'abord la situation qui induit le *NAS le plus léger* dans votre liste, puis construisez une hiérarchie d'exercices qui vous permettra de la réussir, mais en plusieurs petites étapes. Allez-y en douceur. Rappelez-vous que chacune de vos étapes doit être très graduelle, donc des *petits pas*. Assurez-vous aussi qu'elles constituent des étapes *réalistes*. Positionnez-vous comme si vous étiez un bon *entraîneur* pour vous-même : adoptez une attitude d'indulgence et de respect, mais en même temps de confiance et d'encouragement.

Nathalie inscrit la situation «Faire de la moto dans mon quartier» comme première cible d'exercice, puisque c'est celle qui est la plus facile pour elle (son NAS est le plus bas). Elle construit ensuite une hiérarchie possible d'exercices qui pourrait lui permettre, à la toute fin, de monter sur sa moto et de rouler autour de chez elle doucement.

Situation : Faire de la moto dans mon quartier.

Hiérarchie d'exercices

Exercice 1.   Regarder ma moto.

Exercice 2.   Laver ma moto.

Exercice 3.   Monter sur ma moto (moteur éteint).

Exercice 4.   Monter sur ma moto (moteur en marche).

Exercice 5.   Faire de la moto autour de chez moi, doucement.

Vous remarquerez que la hiérarchie est très graduelle : l'exercice 2 est un peu plus difficile que l'exercice 1, et l'exercice 3 est plus difficile que l'exercice 2, etc.

Si elle faisait la hiérarchie pour une autre situation, elle pourrait planifier ceci :

Situation : Voir des modèles de moto qui ressemblent au modèle qu'avait mon conjoint.

Hiérarchie d'exercices

Exercice 1.   Renouveler mon abonnement à un magazine de moto et feuilleter les revues reçues.

Exercice 2.   Aller voir les divers modèles de moto dans un magasin spécialisé.

Exercice 3.   Assister à un salon de la moto et me promener parmi les exposants.

Exercice 4.   Demander à un ami qui a le même modèle de moto que celui qu'avait mon conjoint de me la montrer.

• **Étape 3 : Exposez-vous au premier exercice de la première situation.**

Si votre hiérarchie est bien faite, le premier exercice de la première situation devrait être d'un niveau réaliste, c'est-à-dire un peu plus difficile que d'éviter mais assez facile pour que vous sentiez qu'il est possible de le réussir. Il est maintenant temps de vous exposer à cette première situation. Pour ce faire, vous devez tenir compte de certaines consignes importantes et ne pas en déroger :

Faites cet exercice pendant au moins 45 minutes. Cela nous surprend toujours d'apprendre qu'on doit s'exposer à chacun des exercices de la hiérarchie pendant au moins trois quarts d'heure. Pourquoi ce laps de temps relativement long ? Pour ne pas provoquer de courbe d'évitement en vous. Si vous ne vous exposez que cinq minutes à l'élément conditionné, vous ressentirez d'abord intensément les sensations d'anxiété, cela sera très désagréable, puis vous arrêterez sans avoir expérimenté le processus d'habituation, et en ressentant le soulagement important qui suivra. Vous vivrez donc les mêmes sensations que si vous aviez fui précipitamment la situation et vous obtiendrez les inconvénients de la courbe d'évitement : percevoir que la situation est toujours dangereuse, ne plus vouloir y retourner, sentir que fuir fonctionne et que l'évitement est la chose à faire. En fait, vous n'aurez pas donné assez de temps à votre organisme pour qu'il s'habitue à la situation. Et nous savons que cette habituation exige du temps : il faut environ 45 minutes pour que notre corps ressente la montée d'anxiété, puis qu'il sente un plateau s'installer, qu'il apprivoise la situation, qu'il se détende lentement et qu'il sente sa détresse diminuer. Pour que le processus d'habituation soit efficace, il faut éviter que vous arrêtiez l'exercice en sentant que cela vous apaise de façon importante. Votre soulagement ne doit pas être une conséquence de votre évitement : il doit survenir *pendant* l'exercice. Ainsi, pour la première fois, vous déferez le conditionnement existant : cet élément sera maintenant associé à un certain calme et non plus au drame.

Pendant l'exercice, relâchez-vous et lâchez prise. Laissez monter ce qui vient sans retenue, sans en avoir peur. C'est désagréable mais pas dangereux. Tentez de tolérer la situation en respirant de façon dégagée, en relâchant vos muscles et en vous abandonnant. Il ne faut pas vous distraire, refouler ce qui monte ou vous crisper. Au contraire, soyez souple et mou. Souvenez-vous de cette image donnée précédemment : faites « l'algue dans la vague de l'anxiété ». Relâchez-vous. Laissez-vous aller. Abandonnez-vous à elle. Permettez-vous de pleurer, de trembler si nécessaire. Laissez-vous ressentir et accueillez ce qui vient...

Recommencez. Répétez, répétez et répétez le même exercice plusieurs fois durant la semaine, et ce, pendant 45 minutes chaque fois. N'oubliez pas que votre corps a besoin de défaire un conditionnement, une mauvaise habitude. Cela prend du temps, de la répétition et de la ténacité : vous devrez répéter l'exercice 1 jusqu'à ce que celui-ci devienne plus facile, et cela prendra le nombre de jours ou de semaines qu'il faudra. C'est seulement lorsqu'il induira moins de détresse en vous que vous pourrez songer à vous attaquer à l'exercice suivant. Rappelez-vous que ce qui vous semble difficile la première fois sera nettement plus facile la cinquième fois, et encore plus après la dix-septième, la vingt-huitième, la cinquantième fois... À force de refaire l'exercice, votre corps ressentira pleinement que rien de ce qu'il craignait ne se produit et il se sentira de plus en plus en confiance.

Voyez ces exercices comme des occasions d'apprendre quelque chose de différent. Ces exercices ne doivent pas devenir des «obligations de performance». Si l'un d'eux ne fonctionne pas tout à fait comme vous le désiriez, recommencez avec patience et, surtout, faites preuve d'indulgence à votre égard. Prenez votre temps, soyez compréhensif et fier de vous. Et rappelez-vous que s'exposer à des situations associées à notre deuil est exigeant et courageux.

Revenons à notre exemple. Nathalie décide donc de s'exposer au premier exercice de sa première situation, qui est : «Regarder ma moto.» Alors, pour la première fois depuis longtemps, elle sort sa moto et l'installe dans son entrée de garage. Elle se sent mal : elle a des palpitations et des tremblements ; cela lui rappelle son conjoint, son décès et cela la rend triste et anxieuse. Elle se demande pourquoi elle exige d'elle-même une telle exposition à cette situation, alors qu'elle *«pourrait très bien s'arranger pour vendre sa moto et ne plus jamais en refaire de toute sa vie!»*. Bref, elle a vraiment envie de rentrer sa motocyclette dans le garage et d'éviter de nouveau. Mais bon, elle se rappelle aussi le bonheur que son bolide représentait dans sa vie et elle a envie d'essayer. Elle s'installe dans une chaise longue sur sa pelouse et regarde sa moto. Elle laisse monter sa tristesse, elle laisse son malaise prendre place et elle s'efforce de tolérer le tout et de «faire l'algue dans la vague», sans refouler. Après 20 minutes, elle a pleuré, elle a tremblé, elle a eu des palpitations, elle a revu des images du suicide de son conjoint. Ce n'est vraiment pas agréable. Mais elle réalise que sa détresse n'a pas augmenté jusqu'à un niveau intolérable. Elle se dit que sa peur ne grandira probablement pas davantage et que le pire est probablement passé. Après 35 minutes, elle se sent un peu mieux : elle peut respirer de façon plus dégagée, elle est (un peu) moins tendue. Elle regarde toujours sa moto, et elle tente de ne pas détourner le regard ou de se distraire. Après 45 minutes, elle est un peu plus calme. Elle n'aime toujours pas être là, mais elle est fière de s'être exposée ainsi. Elle range sa moto.

Le lendemain, Nathalie se demande comment elle a été capable de faire cet exercice. Elle ne peut s'empêcher de trouver le tout bien difficile et de penser qu'elle devrait vendre sa moto. Il lui faut tout son courage pour recommencer l'exercice au même endroit avec sa motocyclette dans son entrée de garage. Elle n'a pas envie. Elle se sent triste et angoissée. Et des souvenirs de son conjoint lui reviennent en mémoire. Elle tente de se relâcher physiquement et de tolérer son inconfort.

Et puis elle réalise que ce n'est pas sa moto le problème. Le problème, c'est *l'association qu'elle a faite entre sa moto et le pire événement de sa vie*. Cette pensée l'aide beaucoup. Après 30 minutes, elle constate que, bien que l'exercice ne soit pas facile, il n'a pas le côté stressant dû à la nouveauté de celui qu'elle a fait la veille.

Nathalie refait le même exercice tous les jours de la semaine pendant 45 minutes chaque fois. Elle prend l'habitude de mettre sa moto dehors alors qu'elle jardine, qu'elle tond son gazon, qu'elle mange sur sa table extérieure ou qu'elle s'étend sur sa chaise longue. Elle se surprend à oublier sa présence une fois, et cela la frappe : jamais elle n'aurait pu faire cela auparavant ! Après trois semaines, elle se sent beaucoup plus à l'aise et elle se considère prête à passer à l'exercice numéro 2 de sa hiérarchie (pour la même situation), qui est : « Laver ma moto. » Elle se sent fière et parvient même à penser (pour la première fois !) que son conjoint serait lui aussi fier de ses progrès. En y repensant bien, elle se dit qu'il n'aurait sûrement pas voulu que sa mort l'empêche, elle, de profiter de ce beau loisir qu'il avait lui-même tant aimé...

• **Étape 4 : Prenez du temps pour revenir sur votre exercice, vous apaiser et vous féliciter.**

Après chaque séance d'exercice, prenez quelques instants pour vous féliciter et vous détendre. Ensuite, faites un bilan de la façon dont s'est passé l'exercice. En général, est-ce que cela a bien fonctionné ? Qu'est-ce qui a été réussi ? Qu'est-ce qui a été plus difficile ? Avez-vous pris assez de temps pour expérimenter le processus d'habituation ? Enfin, n'oubliez pas de vous féliciter pour ce que vous avez fait. Ces exercices ne sont pas faciles, et vous faites preuve de beaucoup de courage et de détermination.

• **Étape 5 : Prévoyez vos prochains exercices.**

Si vous sentez que votre cheminement se passe bien et que votre peur s'estompe doucement, vous avez deux options : continuer à répéter le même exercice jusqu'à ce qu'il soit encore plus facile ou passer à l'exercice suivant.

Nathalie décide donc de continuer sa hiérarchie d'exercices pour la situation « Faire de la moto dans mon quartier ». Quand elle aura terminé les cinq exercices prévus, elle retournera à sa liste de situations évitées. Elle choisira la deuxième situation (« Faire de la moto sur une longue distance ») et construira une hiérarchie d'exercices pour cette situation. Elle s'assurera que la hiérarchie est douce et graduelle, et elle s'exposera ensuite à chacun des exercices selon les mêmes modalités.

Et si cela me bouleverse ?

Certains éléments conditionnés peuvent provoquer beaucoup de souffrance. Malgré toutes les informations fournies ici, il peut arriver que nous trouvions l'exposition graduelle *in vivo* trop complexe ou difficile à appliquer, que notre anxiété soit trop élevée, et que nous nous butions à des difficultés que nous ne comprenons pas. Si tel est le cas, envisagez de consulter un professionnel. Les psychologues spécialisés dans le traitement cognitivo-comportemental du deuil traumatique sont familiarisés avec les stratégies d'exposition et pourront vous offrir toute leur expertise, mais aussi toute leur empathie, leur compassion et leur soutien. Ils vous aideront à adapter cette stratégie à vos particularités toutes uniques et pourront même vous accompagner dans vos exercices sur le terrain. La perte que vous avez vécue ne doit pas restreindre votre autonomie ou votre qualité de vie.

CHAPITRE 8

Reconnaître
et maximiser mes forces

Ce qui ne nous tue pas nous renforce.

Friedrich Nietzsche (1844-1900)

« Je n'aurais jamais cru, je n'aurais jamais dit cela auparavant, mais maintenant je réalise que je suis capable de vivre sans lui. Cela ne veut pas dire que je ne m'ennuie pas, bien sûr que non, mais cela signifie que je peux continuer ma vie, malgré son départ », « Je me débrouille mieux que je n'aurais pensé, je suis plus résilient que je croyais », « Bien sûr, j'ai des périodes de doute et d'incertitude, des moments de vertige même ; mais j'ai pris conscience de certaines forces en moi que je n'aurais jamais soupçonnées. Je suis plus confiante en mes moyens ».

Sa mort nous a ébranlés. Elle nous a même dévastés. Mais, à force de souligner ce qui est douloureux et difficile, nous avons perdu de vue une partie importante de notre expérience : nos forces. Malgré la souffrance et les défis de toutes sortes, le temps passe et nous accomplissons des choses que nous tenons pour acquises mais qui sont, pourtant, extraordinaires. Nous développons des aptitudes qui n'auraient jamais été développées. Nous faisons preuve d'adaptation, de courage et de résilience.

Je suis capable d'accomplir de nouvelles tâches

« Cela faisait trente-cinq ans de mariage. Imaginez, trente-cinq ans ! Je n'avais jamais fait la cuisine, envoyé de cartes à nos amis, nettoyé mes vêtements. Et maintenant, j'organise mon train-train, je fais mes petites courses... j'ai même reçu mon frère et sa femme la semaine dernière après le golf. J'entends presque ma femme rire au paradis », « Je n'avais jamais touché aux comptes et à l'entretien de la voiture. Mais franchement, après avoir reçu un peu d'aide de mon fils et de mon conseiller financier, cela va vraiment bien ! Ce n'est pas sorcier après tout, et je suis très fière de moi ».

Quand on est en couple ou que l'on est parent, on se partage les tâches, selon nos aptitudes, notre expérience, nos préférences. Cela devient une habitude et presque notre identité. Son décès a soudain remis tout cela en question. Comment prendre en main tout un pan de notre vie, de notre quotidien qui était jusque-là la responsabilité ou l'apanage de l'autre ? Serons-nous capables de nous en occuper, d'apprendre, de faire aussi bien ? Serons-nous à la hauteur ? La tâche nous semble insurmontable, elle nous donne le vertige. On se sent abattu par le poids des responsabilités nouvelles, par la pression, et la panique nous envahit.

Nous nous sommes d'abord permis de nous sentir submergés, découragés même. Ah non !!! Ce n'était vraiment pas prévu, cette réorganisation-là ! Pas facile, pas évident, injuste, et surtout exigeant et ardu ! Nous avons pleuré, nous avons pesté, nous avons tremblé. Mais la vie nous y obligeait et cela ne servait à rien de nous braquer trop longtemps contre cet état de fait. Nous n'avions pas le choix et, même si « cela n'aurait pas dû être », même si « cela était tellement parfait avant », même si cela nous révoltait et nous angoissait, il nous fallait relever nos manches et assumer une part de responsabilités que nous n'avions pas auparavant. C'était vraiment ennuyeux et horriblement injuste, on est d'accord, mais qu'y pouvions-nous ?

Alors, nous nous sommes permis d'être en apprentissage ; cela signifiait de nous accorder le droit de demander de l'aide ou des conseils à notre entourage, tout en nous considérant avec une bonne dose d'indulgence et d'humilité. Nous devons nous rappeler régulièrement que nous *n'avons pas* à être parfaits, que nous devons entretenir des attentes réalistes et bienveillantes à notre endroit, et nous permettre de faire des erreurs. Il s'agit d'accepter que cela va cahin-caha, mais bon, que cela va quand même. Tentons de nous accepter dans toute notre imperfection (mais notre bonne volonté) de débutant. Sans oublier d'user d'une bonne dose d'humour pour rire de nos questions (parfois idiotes), de nos erreurs (sûrement prévisibles), tout cela dans une douce bienveillance envers nous-mêmes. Car, hé! au moins nous essayons, n'est-ce pas?

Si certaines nouvelles tâches nous semblent encore au-dessus de nos capacités, prenons quelques minutes pour nous questionner sur notre identité. Inconsciemment, est-ce que je me considère comme celui (ou celle) qui «n'est pas capable», qui ne «réussira jamais», qui «a besoin de quelqu'un à ses côtés»? Ou alors, m'a-t-on souvent envoyé le message que j'étais ce genre de personne? Comment mes parents, ma famille, mon conjoint me jugent-ils? Comme le gagnant, le fort, le pilier, ou comme celui qui accumule les échecs? Comme la femme forte qui s'attaque vaillamment aux difficultés, ou comme la petite fille fragile, facilement dépassée, qu'il faut ménager?

Tentons de nous rappeler comment nous étions avant que l'être cher entre dans notre vie. Quels ont été les moments qui ont contribué à notre confiance en soi? À l'école, au collège, dans les sports, dans nos relations, au travail? Mettons en évidence ce que nous avons réussi, et pas seulement les choses ou les traits de personnalité que nous voudrions améliorer. Mettons en évidence nos forces et nos accomplissements dans le quotidien. Ils sont là, remarquons-les.

Et puis examinons pourquoi nous avons tant de peine à demander un coup de main, des conseils, du soutien. Avons-nous vécu dans un milieu où réclamer de l'aide était mal vu? Où déléguer était impossible? Dans notre conception, est-ce qu'acheter «tout fait» ou payer pour des services est acceptable?

Évaluons également comment sont jugés nos accomplissements: avec bienveillance ou avec un œil exagérément critique? Ces messages que nous faisons inconsciemment nôtres peuvent rendre notre convalescence particulièrement pénible, et ce, inutilement. Car la perfection peut devenir une exigence tyrannique dans notre vie et nous étouffer. Conséquemment, nous ne nous accorderons pas le droit d'être en mode «apprentissage» et nous n'aurons pas le droit à «l'essai et l'erreur»... Ce qui est pourtant indispensable dans toute réorganisation des rôles à la suite d'une perte.

Alors, face à nos nombreux défis post-trauma, tentons d'adopter une attitude de «résolution de problème saine». Cela signifie d'accepter de demander des conseils, d'envisager de déléguer (ou de payer pour faire effectuer certaines tâches, s'il le faut) et de tenter des essais sans craindre de nous tromper. Cela veut dire aussi de nous considérer avec confiance, sans pression exagérée et avec indulgence. Cela signifie de nous dire quelque chose comme: *«Bon, c'est le mois de mai et cela serait hyper difficile pour Jonathan si, son premier été sans papa, il n'avait pas de piscine en plus. OK, il faut que je mette la piscine en marche. Ah zut! Comment vais-je bien faire ça?! Bon, OK... Je peux aller m'informer au magasin, je peux demander à mon voisin ou à mon collègue, je peux payer pour faire faire l'entretien, je peux m'informer sur Internet, je peux essayer et puis voir ce que cela donne... Je suis capable; dans le fond, cela ne doit pas être bien compliqué. On va y aller doucement et je vais dire à Jonathan que maman fait tout ce qu'elle peut pour que cela fonctionne. On va y arriver ensemble. Cela prendra le temps qu'il faut.»*

Malgré notre peine, notre désarroi, nous retroussons nos manches et nous assumons de nouvelles tâches. Nous nous permettons maintenant de demander conseil, d'apprendre, d'essayer des choses, de nous tromper et de recommencer, malgré tout. Tout cela pour accomplir des choses que nous n'aurions jamais envisagé de faire il y a juste quelques mois. Reconnaissons que c'est quand même admirable, non?

Je suis capable de vivre émotivement sans l'autre

«Être capable de vivre sans l'autre», cela ne veut pas seulement dire prendre en charge de nouvelles tâches, cela signifie aussi que nous sommes capables de prendre soin de nous émotivement. Nous croyions peut-être qu'il était notre unique source de réconfort ou de force. Nous avions peut-être l'impression qu'il était «tout pour nous», le sens de notre existence, notre «pilier», notre «stabilité», et que, sans lui ou sans elle, nous allions nous effondrer telle une liane privée de son tuteur. Que sans lui ou sans elle, nous «n'étions plus rien».

Nous étions face au vide et paniqués devant l'avenir. Mais le temps a passé et nous réalisons que, bien que nous l'aimions éperdument, l'autre n'était pas «tout» pour nous. Il n'est pas parti avec notre identité ou notre vitalité. Nous sommes distincts. Nous ne sommes pas morts avec son décès. Notre peine est un manque de l'autre, et non pas du désespoir face à un vide intérieur.

Nous réalisons doucement que nous pouvons aussi nous auto-apaiser, nous autocomplimenter et entretenir notre vitalité, notre amour et notre confiance en nous. Nous avons le pouvoir de nous encourager, de nous aimer et de nous actualiser pleinement. Et ça, c'est une prise de conscience merveilleuse.

Je suis digne de valeur et digne d'être aimé

«Sa mort m'a anéantie. Je me suis sentie abandonnée, rejetée même. Comme si je ne valais pas la peine, comme si je n'étais pas assez importante pour qu'il reste avec moi. Puis, doucement, j'ai réalisé que je n'avais pas à me sentir ainsi», «À la suite de sa mort, je me suis effondré et mon estime de soi est descendue à zéro. Je me trouvais nul d'être aussi affecté, je me sentais démuni pour la première fois de ma vie et je n'aimais pas cette image de moi-même : ce n'était pas moi».

Son décès a durement affecté notre vision de nous-mêmes. Il nous a donné l'horrible impression d'avoir été rejetés ou abandonnés. Et nous avions conclu que, peut-être, nous ne valions pas la peine. Que nous n'étions pas «assez bien» pour que l'autre reste. Nous avions même (presque) pensé que nous méritions tout cela : pour nous punir de ce que nous sommes ou de ce que nous avions fait dans le passé. Que nous étions indignes, nuls et sans valeur dans le fond. Et nous étions à deux doigts de croire que personne ne nous aimait. Nous nous sommes même demandé si nous méritions d'être heureux. Et ça, c'était tellement, tellement souffrant.

Sa mort a aussi affecté notre estime de soi parce que nous méprisions l'état dans lequel elle nous avait plongés. Nous nous sentions tristes, dépassés, en manque; nous souffrions de symptômes posttraumatiques. Nous avions des problèmes d'énergie, de concentration, des tendances à nous isoler. Nous ne nous reconnaissions pas et nous ne nous aimions pas ainsi.

Mais nous nous sommes dit qu'il était normal que nous soyons moins «efficaces» qu'auparavant. Nos réactions étaient légitimes et temporaires. Nous allions rebondir. Il fallait simplement accepter que cela n'allait pas, pour le moment, et réaliser qu'il n'était pas très juste envers nous-mêmes de choisir précisément le moment de notre convalescence pour juger de notre compétence ou de notre valeur personnelle. Un marathonien juge-t-il de sa valeur d'athlète alors qu'il est blessé au genou? Non. Il évalue l'étendue de sa blessure, il s'engage dans ses traitements, il prend le temps de se rétablir, puis il s'entraîne à nouveau avant de juger s'il est aussi performant qu'auparavant. Et il fait tout cela avant de se demander s'il aime autant courir. Alors, faisons la même chose, permettons-nous de panser notre blessure sans nous juger: nous sommes en convalescence...

Essayons aussi de prendre conscience de notre dialogue intérieur, car l'utilisation du verbe «être» peut avoir beaucoup d'impact sur notre estime de soi. Pensez à l'impact différent de phrases telles que: *«Je suis un échec», «Je suis une idiote», «Je suis une victime»* plutôt que des phrases qui utilisent des verbes d'action: *«J'ai vécu un échec», «J'ai fait une idiotie»* ou *«J'ai vécu un événement traumatique».* N'est-ce pas moins dénigrant et plus conforme à la réalité?

Enfin, ce moment peut constituer une belle occasion de revisiter les attentes que nous entretenions à notre égard. Pourquoi nous aimonsnous seulement quand nous sommes performants, efficaces, «forts»? Quand nous «réussissons»? Quand nous «accomplissons»? Et non pas juste pour ce que nous sommes? Pourrions-nous entretenir une nouvelle relation avec nous-mêmes, plus acceptante et moins conditionnelle à une performance ? Ce moment peut constituer une opportunité d'accueillir avec bienveillance la partie souffrante en nous et de nous accepter (et nous apprécier !), même si nous n'allons pas très bien.

Malgré tout, j'ai entretenu mes relations avec mon entourage

« Au début, je n'avais qu'une envie : me réfugier dans ma caverne et y rester jusqu'à ce que j'aille mieux. Je réalise que cela a été tout un exploit pour moi, le "gars fort", de partager ma détresse avec mon entourage. Un exploit mais surtout une bénédiction, car cela a resserré nos liens et cela m'a permis de mieux vivre mon deuil », *« Malgré sa mort tragique, je constate que je crois encore en l'être humain, en l'amitié, en l'amour et en la paix. Je ne suis pas devenue amère ou dure, et je retire encore beaucoup de plaisir dans mes contacts avec les autres. Cela me rend heureuse ».*

Sa mort nous a rendus si tristes et si démunis que nous ne ressentions qu'une envie : nous retirer. Nous cacher pour pleurer notre peine. Nous exclure car nous nous sentions trop différents, ou honteux de ce qui nous était arrivé. Nous isoler car nous étions devenus amers, et cela nous rendait irritables et durs envers les autres. Tout cela nuisait à nos relations avec notre entourage.

Et puis nous nous sommes rendu compte que, à l'inverse des histoires à l'eau de rose, nous n'étions pas les seuls à souffrir. La vie n'est pas douce et idéale. Elle est dure et exigeante. Quelquefois même très cruelle. Régulièrement injuste. Et les drames sont le lot de beaucoup de gens. Même s'ils le cachent, même s'ils font « comme si ». Nous n'étions pas seuls à être bouleversés, tristes ou à nous sentir différents : l'humanité souffrante tout entière nous accueillait et nous comprenait. Et c'était un baume sur notre peine.

Soyons vigilants quant aux restrictions que nous nous imposons en présence de notre entourage. Car elles peuvent nous pousser à nous renfermer et nous exclure inutilement. Y a-t-il de la place dans nos conceptions pour partager notre souffrance avec ceux qui nous entourent? Nous exigeons-nous constamment d'être «bien» ou «en contrôle» en leur présence? Avons-nous peur de leur jugement? Avons-nous l'impression que personne ne peut vraiment comprendre ce que nous vivons? Ou que si nous nous confions, nous serons automatiquement blessés, trahis?

Peut-être nous sentons-nous beaucoup plus à l'aise dans le rôle de donner que dans celui de recevoir. Car cela nous gêne. Comme si nous ne le méritions pas vraiment. Nous avons tendance à nous sentir toujours redevables dès que quelqu'un nous donne quelque chose. Or, la vie nous a maintenant mis en position (presque en obligation!) de recevoir des autres: compréhension, gentillesse, affection, soutien, conseils, petites attentions, coup de main, etc. Nous pouvons en profiter pour être plus ouverts à ce que les autres peuvent ou veulent nous offrir. Ce n'est pas facile, car cela exige que nous revisitions des automatismes bien ancrés en nous. Des résistances et peut-être même de l'orgueil mal placé. Mais cela vaut la peine, car cela nous rapprochera d'autrui. Cela consolidera nos liens avec des personnes qui nous aiment et qui nous veulent du bien. Dans l'authenticité et la simplicité.

Notre expérience traumatique nous rend souvent meilleurs dans nos relations interpersonnelles. La souffrance nous a rendus plus compatissants, plus souples envers les autres. La mort nous a dévoilé la précarité de la vie et l'importance de l'essentiel. Et ces caractéristiques constituent de beaux atouts sur le plan émotionnel. Profitons de ces nouvelles forces pour établir des modes relationnels plus vrais, pour dire «Merci» ou «Excuse-moi» plus souvent qu'avant, pour mieux entretenir nos relations avec de petites attentions et une présence sincère. Savourons mieux nos contacts avec les autres.

Je me suis remis en mouvement

«Plus rien ne me tentait, tout me semblait fade et sans valeur», «Je ne faisais plus rien, je restais prostré en attendant que le plaisir et l'intérêt m'apparaissent comme par miracle... J'ai attendu longtemps avant de me mobiliser, cela m'a demandé beaucoup, mais je suis fier de l'avoir

fait», «On m'a fait remarquer que j'avais ramassé mes forces pour mes enfants, et cela m'a fait plaisir parce que c'était vrai. Cela n'a été ni facile ni automatique, mais cela m'a révélé des forces en moi que je ne soupçonnais pas».

Son décès nous a enlevé tout plaisir. Telle une coquille vide, nous nous sentions errer sans intérêt, sans vitalité, et ne trouvant satisfaction en rien. Tout était fade, tout était futile. Avec le temps, un cercle vicieux s'est installé: plus on était triste, plus on s'isolait, moins on bougeait, moins on vivait de stimulations... et plus on était fatigué et triste.

Les études confirment l'installation de ce cercle vicieux. On remarque chez les endeuillés qui s'isolent, qui délaissent leur structure de vie (heures de lever, de coucher, repas, exercice physique, activités, contacts sociaux, stimulations), une plus grande fatigue et des symptômes de deuil plus intenses. Ce cercle vicieux étant autoconfirmatoire (il s'entretient de lui-même avec le temps), nous avons tendance à nous sentir de plus en plus tristes, sans intérêt et sans énergie, car notre quotidien ne nous offre plus ni structure, ni stimulations (relationnelles, intellectuelles, artistiques), ni exercice physique.

Avec le temps, il est de plus en plus difficile de sortir de ce cercle vicieux réconfortant... mais ô combien malsain.

En fait, il faut savoir que *l'intérêt arrive après l'activité*. Ce qui est complètement contraire à notre intuition. En effet, le sens commun considère que si nous nous reposons, si nous «récupérons», alors notre intérêt et notre énergie suivront. Ce n'est vrai qu'à court terme. Après quelques mois, continuer à dormir, à nous reposer, à nous isoler ne nous aide plus. Nous n'offrons aucun exercice à notre corps et, donc, nous sommes de moins en moins en forme, plus apathiques, plus fatigués. Nous ne sommes plus en contact avec la vie, avec le monde, avec les gens, et cela entretient nos ruminations, notre amertume, notre solitude. Nous ne sommes plus confrontés à des idées, à des activités, et cela nous éteint. Notre cerveau est moins stimulé, il est moins allumé.

Ce cercle vicieux entretient notre détresse, et il peut le faire pendant des années. Il faut alors réaliser que, à un certain moment, c'est en faisant des activités stimulantes et ressourçantes que l'intérêt revient.

Bien sûr, nous nous disons: *«Oui, mais je n'en ai absolument aucune envie! Rien ne me semble stimulant et ressourçant!»* Puis les mois passent, et nous réalisons que nous ne devons pas attendre d'en avoir envie, car cela n'arrivera jamais. Et c'est le temps de nous dire: *«Fais-le et cela te donnera de la vitalité», «Essaie-le et tu retrouveras de l'intérêt».*

Et les résultats de recherche confirment ce fait: la motivation suit la mobilisation, l'énergie suit l'action. Bien sûr, il ne s'agit pas de nous obliger à faire des corvées pénibles, mais plutôt de commencer à insérer dans notre quotidien des activités qui étaient *autrefois* agréables, ou celles qui nous semblent un peu plus intéressantes, des activités qui impliquent des gens, des sorties un peu rigolotes, des expériences qui nous sortent de notre zone de confort.

Il a fallu nous *imposer* d'en faire quelques-unes pendant de courtes périodes durant la semaine. Il a fallu considérer ces activités comme des exercices et les faire *même si* nous n'en avions aucune envie au début, et ce, pour contrer la spirale descendante qui maintenait notre désintérêt, notre apathie, notre amertume et notre mauvaise forme physique. En nous donnant une structure de vie plus saine (heures de sommeil et repas réguliers, stimulations, exercice physique, loisirs, sorties, contacts relationnels), nous avons pris soin de nous et cela a favorisé un retour de notre intérêt et de notre énergie. Nous recommençons à être stimulés, nous sommes exposés à autre chose qu'à nos idées déprimantes, nous faisons l'expérience de situations plaisantes et nous améliorons ainsi doucement notre humeur. Mais cela n'est pas facile. La tentation de nous recroqueviller est forte, même si nous savons maintenant qu'elle ne nous mène nulle part. Alors, reconnaissons notre détermination, et poursuivons en ce sens.

J'ai osé prendre des risques

«Après son décès, je me suis juré que je ne souffrirais plus jamais ainsi. Par la suite, j'ai évité toutes les occasions de créer des liens. J'ai barricadé mon cœur. Puis, un jour, je me suis trouvé idiot de passer à côté d'un autre amour possible. J'ai une nouvelle conjointe maintenant, et je me sens comblé et fier d'avoir surmonté ma peur», «Après la mort de mes

deux enfants, j'ai pensé mourir. Je me suis dit que jamais je n'en aurais d'autres. On s'attache tellement et on souffre beaucoup trop quand on les perd! Mais, en même temps, la maternité me manquait incroyablement. J'ai essayé de retomber enceinte de nouveau. Et je me sens si reconnaissante que cela ait fonctionné. Cela ne remplacera jamais ceux que j'ai perdus, mais c'est une merveilleuse deuxième chance».

Sa mort a été tellement souffrante que nous nous sommes juré de ne plus jamais nous mettre dans une situation qui pourrait nous bouleverser autant. Alors, nous nous sommes inconsciemment fermés à refaire confiance. À recréer des relations. À retomber amoureux. À investir émotivement dans nos proches. Par crainte d'être blessés, par crainte de souffrir en cas de départ.

Cela nous a donné une fausse impression de sécurité: *«Ainsi, je ne souffrirai plus jamais.»* Mais est-ce vrai? Est-ce que cela fonctionne ainsi? Les études nous indiquent que non: nous «retenir», nous détacher émotivement de certaines personnes que nous aimons pourtant ne permet pas de moins souffrir en cas de séparation ou de décès. Notre cerveau n'est pas dupe. Notre attachement est tout de même là. Et rien ne peut nous préparer ou amoindrir une telle perte.

Et puis quel dommage dans le fond, non? Si nous sommes constamment sur la retenue par crainte de souffrir de nouveau, quel est le sel de la vie? Si nous nous retenons d'investir émotivement dans nos proches, comment trouver goût à notre existence? Quel dommage que notre peur de «souffrir peut-être dans le futur» nous coupe les ailes et nous ferme à ce que la vie peut nous offrir de plus beau.

Car la vie est là. Et elle peut encore nous faire vivre l'amour, l'art, la beauté, la douceur, la légèreté, l'exaltation. Bien sûr, cela exige alors de nous ouvrir, de ne plus être dans notre «bunker» ou sur la défensive...

Alors, plutôt que de laisser notre peur dicter notre vie et nous éteindre, pourquoi ne pas nous permettre d'oser? Oser sortir de notre zone de confort d'abord: faire un voyage, prendre un cours qui nous sort de notre expertise habituelle, utiliser notre créativité de façon spéciale, essayer ce loisir qui nous semble rigolo ou disjoncté, ou carrément trop loin de ce que nous avons l'habitude de faire. Puis oser relationnellement: recommencer à espérer, à investir émotivement, à être touchés, émus, à nous confier, à faire confiance, à nous dévoiler à l'autre tels que nous sommes, à nous abandonner à la douceur de la relation.

Permettons-nous d'oser recommencer à rêver. N'attendons pas d'être calmes avant de le faire, car nous ne le serons jamais totalement. Et n'attendons pas non plus le moment idéal, car il n'existe pas. Nous serons toujours anxieux de sortir de notre zone de confort et il nous faudra toujours, à un moment, oser. Alors, pourquoi attendre? Allons-y, la vie est à portée de main...

Reconnaître et maximiser nos forces

Nous avons vécu une perte qui nous a coupé le souffle. Nous avons encaissé le terrible choc. Puis nous avons beaucoup pleuré, crié, tremblé. Nous aurions peut-être pu faire les choses autrement. Nous aurions peut-être pu être meilleurs. Mais, tout de même, nous avons accompli de nouvelles tâches, affronté le quotidien sans l'autre, tenté de conserver notre estime et notre confiance en soi, entretenu nos relations avec notre entourage; nous nous sommes remis en mouvement et nous avons même osé prendre des risques, et ce, malgré tout. Malgré son absence, malgré la douleur, malgré l'adversité, malgré les multiples stresseurs et les innombrables défis de notre vie depuis sa mort.

Notre résilience est souvent invisible aux yeux des gens qui nous entourent. Nous tenons nous-mêmes nos forces pour acquises. Eh bien, permettons-nous ici de reconnaître tout ce que nous accomplissons dans le quotidien et qui passe inaperçu... et de nous féliciter.

Pour tous les moments où nous ravalons nos larmes et où, malgré tout, nous continuons à essayer, à rebâtir, à espérer, à aimer, à investir, disons-nous bravo! Vraiment, nous sommes résilients et courageux.

CHAPITRE 9

(Re) Dire au revoir

Assis près d'une cheminée, j'ai vu quatre hommes se lever
La lumière était froide et blanche, ils portaient l'habit du dimanche
Je n'ai pas posé de questions à ces étranges compagnons
J'ai rien dit, mais à leur regard j'ai compris qu'il était trop tard
Pourtant, j'étais au rendez-vous, 25 rue de la Grange-au-Loup
Mais il ne m'a jamais revue, il avait déjà disparu
Voilà, tu la connais l'histoire, il était revenu un soir
Et ce fut son dernier voyage, et ce fut son dernier rivage
Il voulait avant de mourir se réchauffer à mon sourire
Mais il mourut à la nuit même, sans un adieu, sans un «je t'aime» [...]
Mon père, mon père...

Nantes
Barbara (1930-1997)

« Je n'étais pas présent à ses funérailles et je n'ai jamais pu lui dire au revoir. Je ne réalise pas du tout qu'elle est morte, c'est irréel », *« Il est mort et je reste étranglée par tous ces mots que j'aurais aimé lui dire. Tant de choses sont encore en flottement entre nous »*.

Les semaines et les mois passent. Nous allons doucement mieux. Mais nous réalisons que notre relation avec la personne disparue n'est pas bouclée. Elle reste en suspens, et nous sommes douloureusement en attente d'une conclusion qui nous apaiserait enfin.

Nous n'étions pas là lors de sa mort ou nous n'avons pas vraiment profité des rites funéraires. Ou alors, tous ces mots qui sont restés muets entre nous, toutes ces blessures encore à vif nous étouffent et nous empêchent d'aller de l'avant. Nous avons l'impression que nous sommes passés à côté d'un moment crucial et qu'il est maintenant trop tard pour boucler notre relation. Comme si cette occasion ne reviendra plus jamais.

Or, ce n'est pas vrai. Il est toujours temps de faire nos adieux au défunt. De lui dire ce qui nous habite et de lui exprimer ce qu'il a représenté pour nous. D'arrêter de le retenir et de lui permettre de partir.

Maintenant, nous sommes prêts à le faire et nous le ferons à notre façon.

Comment puis-je lui dire au revoir alors que les rites funéraires ont été accomplis depuis longtemps?

« J'ai vécu les rites funéraires comme dans un cauchemar, déconnectée émotivement, inerte, et je ne lui ai jamais dit au revoir », « Les funérailles ont été atroces, je n'étais qu'un immense océan de douleur. Je ne voulais pas qu'il parte et je le retiens toujours », « Les rites ne correspondaient pas du tout à ce qu'elle aurait aimé. J'ai trouvé le tout complètement ridicule, artificiel, et je suis resté avec un profond sentiment d'être passé à côté de quelque chose d'important ».

Les rites sont importants lors d'un décès, et ce, tout particulièrement lors d'une perte traumatique. Effectués de façon presque immuable depuis des siècles, ils ont des racines dans notre inconscient collectif et témoignent du caractère majeur, sacré de notre passage : passage de la vie à la mort pour le défunt, passage de l'ancien statut à celui d'endeuillé pour nous-mêmes. Comme ils regroupent dans un même lieu notre entourage, ils constituent aussi une reconnaissance publique de notre perte.

Or, lors d'une mort traumatique, les rites funéraires atteignent rarement leurs objectifs premiers. Nous sommes trop sous le choc pour vraiment profiter de ce qu'ils peuvent nous offrir, c'est-à-dire une occasion de vivre notre chagrin et de dire au revoir, tout cela entouré du soutien de nos proches et à l'aide de symboles sacrés et d'une spiritualité pleine de sens.

Nous assistons aux rites, mais nous sommes tellement bouleversés qu'ils sont trop précoces pour nous apaiser. Ou ils nous heurtent, car ils ne correspondent pas à nos valeurs ou à celles du disparu. Ou alors, ils ajoutent des tensions familiales très stressantes à une douleur déjà insupportable.

Bref, malgré les rites, on traîne par la suite une douloureuse impression de ne jamais avoir vraiment fait nos adieux au disparu. On sent lourdement que l'on n'a pas «bouclé» notre relation et qu'il reste quelque chose d'important en suspens. Or, peu importe le temps passé, il est toujours temps de dire au revoir lorsque l'on s'en sent prêt. Et ce qui est merveilleux, c'est qu'il est alors tout à fait possible de choisir la façon qui nous convient pour le faire.

Maintenant que vous vous sentez prêt, qu'aimeriez-vous dire à l'être disparu? Et comment aimeriez-vous le lui dire?

Comment lui dire au revoir alors que tant de mots n'ont pas été dits entre nous?

«Je souffre du poids de tous ces mots que je n'ai jamais osé lui dire. Je m'en veux pour tellement de choses...», «Je l'aimais profondément, mais je ne lui ai jamais vraiment démontré: j'étais trop rigide, trop orgueilleux et cela ne se faisait pas de dévoiler ces émotions-là dans mon temps. J'aimerais qu'elle le sache maintenant», «J'ai exclu mon père de ma vie depuis de nombreuses années: il m'avait agressée sexuellement toute mon enfance. Maintenant il est mort, mais cette rage qui me ronge le cœur est toujours aussi envahissante».

«Je veux lui exprimer mon amour, ma reconnaissance»

Cette personne a été très importante pour nous, mais nous ne lui avons jamais vraiment dit de son vivant. Des mots d'amour et de tendresse se bousculent dans notre tête et ils nous étouffent. Nous avons besoin de lui exprimer à quel point elle nous manque, à quel point nous appréciions ses qualités, ses forces, sa personnalité, à quel point elle ajoutait quelque chose de précieux à notre vie. Nous avons besoin de lui dire «Je t'aime» et «Merci».

«J'ai besoin de lui demander pardon»

Nous nous sentons coupables et cela nous ronge. Nous aimerions tellement le lui dire. Clairement. Honnêtement. Nous avons besoin de lui demander pardon pour certains gestes que nous avons posés ou pour des paroles que nous avons dites. Et puis il y a des choses que nous aurions dû faire, mais nous nous sommes défilés; nous avons fait preuve de lâcheté, de déloyauté ou de faiblesse. Maintenant, nous avons besoin de sentir son pardon pour aller de l'avant et pour arriver, enfin, à nous pardonner nous-mêmes...

«Il m'a tellement blessé et je lui en veux encore tellement. J'ai besoin qu'il entende ma colère, ma haine»

La mort ne règle pas nos relations par miracle. Au contraire, elle peut exacerber des blessures douloureuses passées. Elle peut faire remonter des offenses, des trahisons, des agressions terribles qui ont été commises et qui continuent à nous traumatiser. Notre colère n'a jamais été entendue. Nos cicatrices n'ont jamais été reconnues. Il n'a jamais admis ses fautes.

Comment dire adieu à notre agresseur? À celui ou celle qui fut froid, dur, violent, indigne envers nous alors que nous aurions mérité tellement mieux? À celui ou celle qui a commis des gestes irréparables, impardonnables?

Ces mots qui n'ont jamais été dits peuvent nous étrangler et nous enlever toute notre vitalité. Mais, maintenant, il nous entendra. Il écoutera ce qu'il nous a fait subir: les violences qu'il nous a infligées et que nous ne méritions pas, les cicatrices que nous conservons. Nous avons besoin de lui exprimer notre rage, notre haine et de lui dire haut et fort comment, malgré tout, il n'a pas réussi à nous détruire. Nous avons envie de l'envoyer au diable et de lui exprimer notre mépris, car il a été un petit minable. Eh bien, faisons-le. Exprimons-lui enfin ce que nous retenons depuis si longtemps.

«Je veux me libérer de son emprise»

Pendant des années, nous avons été sous son contrôle. Nous étions piégés, à sa merci, toujours à nous justifier, à ménager sa susceptibilité et à craindre des représailles si nous ne nous pliions pas à sa volonté. Nous avons ressenti énormément de colère à son égard mais, maintenant, nous réalisons qu'il ne la mérite pas : il ne mérite pas que nous soyons encore liés à lui par nos pensées, par notre souffrance ou par notre ressentiment. La mort nous a libérés de sa présence, maintenant nous nous libérerons de son emprise.

Nous lui exprimerons clairement que nous le laissons aller et que nous coupons le dernier lien qui nous unissait à lui. Et ce, avec un pied de nez (ou un doigt d'honneur) à son intention, en nous foutant de son opinion, de ses préférences, de son influence qui nous écrasait. Nous nous désinvestissons totalement de cette relation et il n'aura dorénavant droit qu'à notre indifférence et à notre mépris. Qu'il vive son destin comme bon lui semble, le nôtre nous attend. Avec impatience et les bras ouverts. Nous ferons (enfin !) entièrement à notre guise : maîtres de notre existence, libérés et apaisés.

«*Je veux lui pardonner*»

Cette relation nous a vraiment fait souffrir et nous avons beaucoup pleuré. Mais nous ne sommes plus dans la souffrance ; nous allons mieux et nous avons envie de pardonner. De lui faire ce don. De nous offrir ce cadeau. Il est possible qu'il ne le mérite pas vraiment. Il ne l'a même peut-être jamais demandé. Mais nous, nous en avons besoin. Nous sentons que cela nous libérera d'un lourd fardeau et que nous pourrons, ensuite, nous tourner vers l'avenir le cœur léger.

Choisir mon rituel
pour (bien) lui dire au revoir

Plus que jamais, dire au revoir (ou adieu) à notre façon à la personne disparue est important et légitime. Et quelquefois, un rituel peut vraiment nous aider en ce sens.

Qu'est-ce qu'un rituel ? C'est un moment choisi, un peu solennel, et qui intègre une part de sacré ou une symbolique qui est porteuse de sens pour nous. C'est un moment précieux qui nous permettra (enfin !)

d'exprimer ces émotions, ces paroles si significatives que nous ressentons à son égard. Et puis c'est un geste qui nous permet de sentir qu'à partir de là la relation a changé de tonalité : nous avons le sentiment apaisant d'avoir «bouclé» quelque chose et d'être maintenant passés à une autre étape de notre vie.

Prenez tout le temps nécessaire pour bien planifier votre rituel. Vous pouvez l'inventer totalement ou faire appel à des symboles qui existent déjà. Vous pouvez le vivre tout seul ou encore avec des personnes choisies. Il peut être assez long ou très court. Il peut se tenir dans un endroit spécial ou chez vous. Il peut être invisible aux yeux des autres, très intime, ou alors être vécu publiquement.

Bref, permettez-vous d'être créatif et de vous approprier ce rituel : il faut qu'il vous ressemble. Planifiez-le pour qu'il vous fasse le plus de bien possible. Après tout, c'est *votre* moment.

Voici quelques exemples :

- Planifier une commémoration en famille ou une messe anniversaire ;
- Faire une visite plus intime au cimetière ou devant son urne ;
- Porter un toast en son honneur ;
- Vous rendre sur les lieux de sa mort ou dans un lieu qui était significatif pour vous deux ;
- Planter un arbre en son nom ;
- Acheter et lui dédier un cadeau public (un banc de parc, par exemple) ou de l'équipement pour une école ou un hôpital ;
- Organiser un lâcher de ballons ou de colombes ;
- Faire un voyage et le lui dédier ;
- Effectuer un don ou créer une fondation à son nom ;
- Réaliser un agencement de certaines photos encadrées, une vidéo ou un album personnalisé (*scrapbook*) de votre relation ;
- Fabriquer un bijou à partir de vos noms, de vos cheveux ou de vos alliances ;

- Réaliser un accomplissement sportif en son nom (une course, un triathlon) et recueillir des fonds pour une cause qui vous tenait à cœur;

- Faire une longue promenade en forêt et aller planter un bâton ou une pierre portant son nom dans un endroit inspirant;

- Écrire l'historique de votre relation du début à la fin et conserver ce document en archives;

- Remplir une boîte de toutes ses possessions que vous aimeriez garder, puis la fermer et l'entreposer;

- Lui écrire une lettre, puis l'enterrer, la brûler ou la déchirer, ou encore la faire lire ou la conserver.

Lors de ce moment, vous pouvez décider de lui dire simplement au revoir ou d'exprimer des choses importantes. Quelles sont les paroles que vous aimeriez lui adresser? Le message que vous souhaiteriez qu'il entende? Décidez aussi si vous désirez lui dire des choses à haute voix, dans votre tête ou dans une lettre.

Vous pouvez lui exprimer des mots d'amour, de pardon ou de reconnaissance. Vous pouvez lui demander de vous aider à continuer votre vie sans lui.

Voici un exemple possible: «*Je t'ai aimé. Tu étais et tu restes très important pour moi. Mais, maintenant, je te laisse partir et je te dis au revoir. Sois heureux. C'est ici que nos chemins se séparent. Je te laisse aller vers la lumière. Avec sérénité. Moi, je vais vivre ici et maintenant, le plus pleinement possible, ce qu'il me reste à expérimenter. À la prochaine. Va en paix.*»

Lorsque des *enjeux douloureux* sont plus présents, pensez à la meilleure façon d'exprimer votre colère ou toute la douleur que vous avez accumulée dans cette relation. Vous pouvez choisir un rituel significatif pour vous. Vous pouvez lui crier ce qui vous étrangle ou encore lui écrire une lettre. Dans ce dernier cas, réservez-vous un moment propice. Prenez une feuille et adressez-vous directement à la personne disparue. Vous pouvez choisir le début qui vous convient ou commencer par «À toi, X, mon (statut)», par exemple: «*À toi, Julie, ma mère*» ou «*À toi, Claude, mon ex-conjoint*». Permettez-vous de lui dire tout ce dont vous avez envie : comment vous vous sentez, les gestes, les paroles qui vous ont blessé dans le passé, vos sentiments, vos impressions, vos regrets, vos espoirs. Permettez-vous de lui exprimer ce que vous auriez aimé qu'il fasse, qu'il dise, qu'il change, et ce que vous souhaiteriez qu'il sache maintenant. Soyez le plus authentique possible. Puis terminez votre lettre et signez-la. Ensuite, décidez de ce que vous désirez en faire : la lire à quelqu'un à haute voix, l'enterrer dans un endroit symbolique, la déchirer, la brûler, la conserver, etc.

Dans tous les cas, une fois que vous avez déterminé ce que vous aimeriez exprimer et que vous avez choisi votre rituel, décidez de la date et du lieu avec soin. Puis demandez-vous si vous désirez le vivre dans l'intimité ou qui vous aimeriez comme témoins (ou participants). Ensuite, décidez du déroulement de ce moment, des paroles, des gestes qui seraient importants pour vous. Permettez-vous d'être créatif et de le concevoir de façon qu'il vous fasse du bien.

Ce sera un moment un peu solennel qui vous permettra de lui dire au revoir (ou adieu) et de sentir qu'il y a eu un changement de ton dans votre relation : vous le laissez partir vers son destin et vous vous permettez, maintenant, d'embrasser la vie...

CHAPITRE 10

Embrasser la vie

*Il n'y a pas de honte
à préférer le bonheur.*

Albert Camus (1913-1962)

«Pour la première fois depuis longtemps, je suis partie à rire aux éclats, cela m'a fait tellement de bien!», «C'est nouveau, j'ai passé une journée complète sans pleurer», «Je me sens plus dégagée, comme si le poids sur ma poitrine diminuait doucement, je respire beaucoup mieux».

Tranquillement, doucement, il s'opère un changement en nous : des moments de légèreté apparaissent dans notre vie. Cela nous étonne au début, comme si c'était incongru, puis nous nous laissons séduire par cette douceur nouvelle.

Je recommence à respirer

Nous n'avons pas véritablement respiré depuis tellement de mois! Nous nous retenions afin d'encaisser le choc, afin de nous adapter à notre nouvelle réalité, dans la crainte de ce qui nous attendait. La poitrine crispée, le souffle court, la gorge figée, nous nous sentions constamment oppressés.

Et voilà que notre respiration devient plus fluide, plus dégagée. Nous sentons un espace se déplier dans notre poitrine. Une brèche dans notre douleur...

Nous nous sentons moins crispés. Notre corps se relâche douce-ment, se détend. Nous nous ouvrons lentement à ce qui est autour de nous : d'abord à l'air que nous respirons et que nous goûtons avec dé-lice, puis à la nourriture qui a repris ses saveurs. Le contact se rétablit entre l'extérieur et nous.

Je suis plus souple, plus ouvert

Nous étions blessés à vif et repliés sur nous-mêmes. La peur qu'un autre drame arrive nous avait envahis. Nous étions inquiets, toujours en état d'alerte, tremblant intérieurement, craignant un autre choc. Sur la dé-fensive.

La souffrance a pu nous rendre amers et aussi envieux du bonheur que semblaient vivre les autres. Cela nous a peut-être rendus irritables, hostiles et rigides.

Nous voilà un peu plus prêts à refaire confiance : en la vie, aux autres, en notre destin. Nous sentons une certaine sérénité apparaître. Nous avons baissé les armes. Notre corps est plus souple mais notre âme aussi. Et notre cœur plus léger. Cela nous rend plus accessibles et plus avenants. Un peu plus ouverts aux autres, au bien-être, au plaisir. Et c'est bon.

Je me sens plein de vie

La mort nous a collés à la peau pendant si longtemps. Nous nous sen-tions englués dans notre tristesse, complètement éteints. Mais, depuis quelque temps, nous avons envie de sentir vibrer la vie en nous, de la laisser se déployer.

Notre énergie revient et nous nous sentons presque pétillants. Notre propre rire nous étonne et nous réjouit, notre curiosité refait surface. Nous reconnaissons notre enthousiasme passé, nous retrouvons notre énergie, notre sourire, notre capacité d'émerveillement. Nous sommes surpris de ressentir à nouveau notre désir pour certaines choses. Pour certaines personnes. Et c'est délicieux.

Nous avons vécu le deuil de l'autre, mais nous n'avons pas à faire le deuil de notre vie. Et celle-ci nous attend. Nous le voyons, maintenant.

Oh oui, j'ai le droit !

Nous nous sentions coupables et indignes. Nous avions l'impression d'être responsables de quelque chose de terrible et de devoir expier. Une grande dureté nous habitait et nous étions impitoyables à notre endroit.

Mais nous nous accordons (enfin !) le droit d'aller mieux. Nous acceptons un peu mieux son départ, même si nous sentons maintenant, profondément, que son absence durera toujours. Mais la vie s'organise doucement sans l'autre, et nous nous surprenons à la trouver plaisante, malgré tout. Les souvenirs heureux reviennent tranquillement et nous pouvons parler du disparu sans nous sentir submergés par la détresse. Nous commençons à nous investir dans de nouvelles relations, et ce, sans nous juger déloyaux et nous pouvons penser à autre chose sans nous sentir coupables.

Nous nous souvenons, mais nous ne vivons pas dans le souvenir de l'autre.

Je suis de retour

Pendant tous ces mois, nous étions absents. Nous avions déserté notre corps, nos relations. Nous étions désintéressés de ce qui se passait autour de nous, complètement désinvestis. Nous nous sentions étrangers à tout, et surtout à nous-mêmes. Ce n'était pas nous.

Maintenant, nous avons l'impression (enfin !) de nous retrouver : nous réintégrons notre corps et nous revenons habiter notre esprit. Notre cerveau recommence aussi à fonctionner : notre capacité de concentration revient doucement, nous sommes plus capables d'être attentifs à ce qui se passe autour de nous, nous pouvons mémoriser et analyser certaines informations. Nous nous sentons de nouveau compétents, efficaces, en pleine possession de nos capacités. Nous sommes davantage capables d'être là, présents à nos proches, à notre vie. Nous sommes de retour. *Home Sweet Home.*

Je le porte en moi

Sa mort nous a laissés avec un trou béant, un vide jamais comblé de ce que nous aimions tant de l'autre, de ce qu'il pouvait nous apporter, de ce qu'il ajoutait à notre vie. Nous étions terriblement en manque.

Mais, maintenant, nous sentons que nous avons internalisé une partie de l'autre qui restera avec nous pour toujours. «Internaliser», cela signifie «faire nôtre», nous approprier une partie de l'autre. Des souvenirs, des images, des moments partagés restent en nous et certaines de ses qualités sont nôtres dorénavant. Nous prenons le temps de prendre conscience de ce qui nous a plu ou séduits chez cette personne, de ce que nous avons tant admiré chez elle, de ce qui nous manque, et nous nous l'approprions.

Ainsi, cet amour pour l'architecture que nous avons tant partagé avec lui sera désormais en nous et nous continuerons à vivre cette passion en pensant à lui. Cette douceur relationnelle que nous avons tant admirée sera un modèle vers lequel nous tendrons en pensant à elle. Cette rigueur intellectuelle, ou ces recettes de cuisine marocaine, ou ce goût pour les rosiers écarlates, ou cette foi en Dieu, ou cet amour pour la marche en montagne, ou cette passion pour l'opéra, ou cet engagement social et écologique, ou...

Ce que nous aimions tant du défunt constituera son véritable héritage pour nous. Nous le faisons nôtre et il nous accompagnera désormais pour toujours.

Vivre mieux qu'avant

«Sa mort m'a fait réaliser à quel point la vie est précieuse et à quel point nos relations sont la seule chose importante sur cette Terre. Je désire être plus présent pour les gens que j'aime», «J'ai réalisé que certaines de mes priorités étaient superficielles et je ne veux plus passer ma vie à me stres-

ser pour ça», «J'étais tout le temps en train de bougonner, de râler, de trouver les gens cons et la vie injuste. Il faut que je fasse attention à mon attitude envers la vie, car cela m'empêche d'être heureux», «Le temps passe si vite et je suis incapable de m'arrêter pour le savourer. Comment pourrais-je vivre plus pleinement maintenant?».

Sa mort nous a ébranlés: *«Mon Dieu que la vie est courte!»* Puis elle nous a poussés à nous demander si nous en profitions au maximum, si nous avions une existence qui était pleine de sens. Nous nous sommes questionnés sur notre façon d'être, sur notre manière de vivre. Si nous mourrions nous aussi demain matin, serions-nous comblés par la vie que nous avons menée? Comment être mieux dans notre peau et dans nos relations? Comment savourer pleinement le temps qui nous est donné et être plus heureux?

Les réponses sont complexes et souvent vagues, mais les études et la clinique psychologiques nous offrent quelques éléments de réponses. Car nous savons que le bien-être est souvent associé à différents facteurs, que voici.

Vivre une vie pleine de sens et en congruence avec mes valeurs

Sa mort nous a bouleversés et la fragilité de la vie nous a brutalement poussés à reconsidérer nos priorités et la pertinence de certains de nos objectifs. Nous nous sommes demandé si nous avions vraiment investi aux bons endroits, si notre quotidien reflétait nos valeurs profondes.

Et nous nous sommes peut-être rendu compte qu'il y avait un écart entre nos valeurs et la façon dont nous vivions. Ainsi, si nous considérons la famille comme une valeur essentielle mais que nous sommes peu à la maison, que nous passons notre temps à travailler, que nous stressons sans cesse pour les finances et que nous n'assistons pas aux moments importants de nos enfants, notre mode de vie est en contradiction avec notre valeur.

Notre perte peut être une belle occasion de revoir nos priorités et de réorganiser notre vie afin qu'elle soit plus congruente avec ce qui est important pour nous. Afin que notre vie soit pleine de sens.

Faites l'exercice suivant. Quelles sont les valeurs qui vous tiennent à cœur? Pour vous aider, mettez en ordre d'importance (de la plus signifiante à la moins signifiante pour vous) les douze valeurs qui suivent:

1. Le travail
2. La reconnaissance sociale
3. L'aisance financière
4. La famille
5. Le couple
6. Les amitiés

7. Les loisirs
8. La santé physique et l'exercice
9. Les stimulations intellectuelles
10. Les stimulations artistiques
11. L'engagement social
12. La spiritualité

Puis demandez-vous si votre mode de vie reflète cette liste de priorités. Soyez honnête et lucide: y-a-t-il un écart entre votre liste de valeurs et votre engagement envers elles? Est-ce que vos efforts et votre investissement émotionnel sont proportionnels à l'importance que vous accordez à celles-ci? Est-ce que la répartition de votre temps et votre investissement financier sont en congruence avec vos valeurs fondamentales?

Si oui, votre vie est pleine de sens. Sinon, demandez-vous comment vous pourriez prendre des engagements dès maintenant afin de réduire cet écart, et ce, afin de vivre une vie qui soit la plus représentative possible de ce que vous considérez comme profondément essentiel, signifiant, important.

Savourer pleinement les moments de mon existence

Sa perte nous a peut-être fait réaliser à quel point la vie passe vite et à quel point, trop souvent, nous ne savourons pas vraiment les moments qui nous sont donnés: nous sommes distraits, préoccupés, absents.

Comment mieux goûter les petits riens de chaque jour qui sont, en fait, les petits «touts» du quotidien? Comment mieux apprécier ces moments qui peuvent donner tout leur sens à notre existence? La réponse est: en vivant ces moments pleinement. Et cela signifie de maximiser la qualité de notre présence dans l'ici et maintenant.

En fait, cela exige deux choses. D'abord de ramener notre esprit dans le moment présent. Ce n'est vraiment pas facile, car il oscille habituellement allégrement entre le passé (on rumine, on regrette) et le futur (on s'inquiète et on envisage des solutions à des problèmes qui ne sont pas encore arrivés). Bref, cela demande un peu d'effort de notre part et un peu de vigilance : centrons-nous sur ce qui se passe *ici et maintenant*.

Ensuite, cela demande d'expérimenter ce moment avec une grande *sensualité*. Ce terme, ici, désigne tous nos sens perceptifs, et non la dimension sexuelle. Cela signifie, par exemple, que si des amis nous invitent à un pique-nique, nous avons deux choix : nous asseoir dans le gazon en attendant impatiemment que tout cela se termine ou... profiter de cette expérience pleinement. C'est-à-dire en centrant notre attention sur le présent et en ouvrant tous nos sens afin de capter sensuellement tout ce qui compose ce moment : humer l'odeur de l'herbe fraîchement coupée, savourer le goût acidulé de notre baguette au thon, de sa salade croquante et de son cornichon, entendre le chant des cigales qui résonne dans l'air chaud ambiant, noter la chaleur du soleil sur notre peau, apprécier l'effet iridescent de ses rayons sur l'eau de la rivière, prendre conscience de la texture un peu rugueuse du tissu posé sur l'herbe et du craquant du pain sous nos doigts, et prendre plaisir au rire de nos amis.

Tentons donc de nous laisser déposer dans le moment présent, puis d'ouvrir tous nos sens à notre expérience afin d'en profiter à plein. Savourons, de tout notre être.

Cultiver une attitude plus souple envers moi-même et envers les autres

Les études mettent en évidence à quel point certaines attitudes rigides automatiques peuvent être un frein à notre bonheur. Prenons d'abord conscience de la tendance que nous adoptons généralement, tout naturellement, envers nous-mêmes, envers les autres et envers la vie quand nous n'allons pas bien. Avons-nous plutôt tendance à être habituellement hostiles, anxieux ou mélancoliques ? En situation de stress, quel aspect plus rigide de notre personnalité ressort le plus spontanément ?

Une attitude hostile

Si cela nous caractérise, c'est que notre attitude involontaire la plus naturelle quand nous n'allons pas bien est plutôt teintée par la colère, l'irritabilité ou l'exaspération. Nous avons tendance à être plus impatients, critiques ou même explosifs. Ou alors, nous entretenons une colère acide envers la vie, et cela nous rend amers. Nous sommes souvent en compétition avec les autres, et cela peut induire chez nous de l'envie. Alors, nous pouvons utiliser le sarcasme, les phrases assassines ou le dénigrement. Cette humeur nous caractérise aussi si nous faisons souvent preuve d'intolérance : notre jugement est souvent impitoyable, rigide (envers nous-mêmes et envers les autres), nous sommes facilement bougons, critiques et nous cherchons plus aisément des coupables plutôt que des solutions.

Une attitude anxieuse

C'est la tendance qui nous caractérise si nous sommes plutôt anxieux, stressés ou tendus quand nous souffrons. Nous possédons peu de tolérance à l'incertitude, c'est-à-dire que nous percevons facilement ce qui est incertain, vague ou flou comme une menace. Nous avons une imagination fertile et nous pouvons nous inquiéter facilement et nous construire des scénarios catastrophiques qui nous rendent très anxieux. Nous avons souvent des palpitations, des tremblements, des difficultés à dormir à cause de notre nervosité. Nous sommes en état d'alerte face à la vie, car nous craignons ce qu'elle peut nous apporter de stressant. Nous ne sommes pas sûrs d'être capables d'affronter les difficultés, car nous doutons de nos capacités et nous avons tendance à nous sentir facilement dépassés.

Une attitude mélancolique

L'attitude mélancolique caractérise notre tendance si nous sommes généralement tristes, facilement découragés ou abattus quand nous rencontrons des problèmes. Nous remarquons plus facilement les points négatifs de notre vie ou des autres, et cela nous attriste. Nous sommes spontanément pessimistes, l'avenir nous paraît facilement sombre, la société semble décourageante, les gens sont décevants. Un rien nous émeut et nous sommes facilement tristes.

Ces attitudes involontaires, automatiques peuvent miner profondément notre vie et nous rendre très malheureux. Certaines personnes sont naturellement douées pour le bonheur... mais si ce n'est pas notre cas, nous devons prendre note de notre tendance naturelle et tenter de l'assouplir un peu.

Tentons de cultiver une attitude différente envers nous-mêmes, envers les autres et envers la vie. Pour ce faire, sachons que trois attitudes sont particulièrement propices au bien-être :

La bienveillance et la souplesse. Rien ni personne n'est parfait et ne pas accepter cet état de fait peut nous rendre misérables. Tentons plutôt d'adopter une attitude bienveillante à l'égard de nous-mêmes et des autres plutôt que de nous consumer d'exaspération et d'attentes déçues. Puis essayons de cultiver un sentiment de gratitude envers ce que nous avons reçu et ce que nous recevrons encore. Laissons-nous aller à la douceur, à l'indulgence, à la tendresse... C'est si bon.

La confiance et la sérénité. Nous ne parviendrons jamais à éliminer totalement l'incertitude de notre vie, mais nous pouvons tenter d'augmenter notre tolérance à celle-ci. Essayons de lâcher prise, de remettre en question nos scénarios catastrophiques et d'être meilleurs en résolution de problème. Relativisons les événements avec confiance, car nous sommes meilleurs que nous pensons. Nous y arriverons... calmement.

L'humour et l'optimisme. Beaucoup de choses attristantes dans la vie sont plus faciles à encaisser avec une bonne dose d'humour. Si être optimiste n'est pas notre état naturel, entretenons une certaine légèreté avec des œuvres positives et des moments rigolos. Ne perdons jamais une occasion de rire (de nous bidonner même) et recherchons les moments de ravissement que nous offrent l'art, la solidarité et la générosité. Nous avons été confrontés à ce que l'être humain peut faire de plus laid, augmentons maintenant notre contact avec ce que l'être humain peut faire de plus beau...

Embrassons la légèreté

Après tous ces mois de lourdeur et de ténèbres, la lumière refait son apparition. La douceur et la légèreté aussi. Nous nous surprenons à ressentir la vitalité circuler en nous et à laisser de la place à la vie, au plaisir.

Allons-y! Ne retenons pas cette pulsion, cette sève qui recommence à courir en nous! Elle est saine. Elle est belle.

Vous sentez que les autres sont troublés et qu'ils se retiennent de rire en votre présence? Qu'ils ressentent un malaise quand, par mégarde, ils évoquent le défunt devant vous? Qu'ils s'obligent à une gravité qui ne vous convient plus? Eh bien, dites-le-leur. Dites-leur que vous ne ressentez plus de malaise à être léger, à avoir du plaisir. Que vous pouvez évoquer le disparu sans être submergé par la détresse. Et que vous leur accordez, à eux aussi, le droit à la légèreté.

Recherchez ce qui pourrait vous offrir du bien-être : un séjour dans un spa, un massage, une soirée avec les copains autour d'un match de foot ou de hockey, reprendre la pratique de votre sport favori, revoir vos amis, aller à la pêche, faire du yoga, vous remettre à l'acrylique, au water-polo, à la danse, à l'escalade, à l'écriture... *Qu'est-ce qui vous ferait du bien?*

Et ne refreinez pas ces envies qui montent en vous, même si cela vous semble un peu (ou, encore mieux, complètement) fou : faire un voyage à Paris, au Québec, en Birmanie ou en Inde, en caravane motorisée, dans une réserve de chasse avec des amis, vous acheter une moto ou un monocycle, prendre un cours de flamenco, de tango, monter le Kilimandjaro, vous entraîner pour un 5 km ou pour un marathon, vous inscrire à un cours de cuisine japonaise ou d'italien, faire du tai-chi, de la boxe, faire partie d'un cercle de lecture, d'une ligue de baseball, de pétanque ou de golf, apprendre un instrument de musique ou l'histoire du Moyen Âge...

Bref, recommencez à rêver. Et osez prendre au moins un de vos rêves pour la réalité. N'attendez pas d'être totalement serein ou calme avant de passer à l'action : cela n'arrivera jamais. Alors, même si vous avez peur, allez-y! Prenez votre billet d'avion. Inscrivez-vous. Engagez-vous politiquement ou socialement. Appelez cette personne qui vous fait chavirer. Permettez-vous d'être séduit de nouveau, de ressentir du désir, de refaire l'amour lors de nuits torrides...

La vie est courte, vous le savez tellement... Profitez-en. Savourez-la. De nombreuses expériences sont à saisir, de belles relations vous sont destinées et plein de découvertes sont encore à goûter. Suivez votre capacité d'émerveillement et laissez circuler votre énergie vitale.

Nous avons fait le deuil de notre relation avec le défunt mais pas le deuil de notre vie. Vivons pleinement...

Célébrons la fin de notre souffrance. Célébrons la vie!

*J'ai décidé d'être heureux
parce que c'est bon pour la santé.*

Voltaire (1694-1778)

«*J'ai beaucoup pleuré, j'ai tellement souffert. Puis, aujourd'hui, bizarrement et totalement par impulsion, j'ai vu une lampe magnifique et je l'ai achetée! Elle est immense, rouge et violette, et elle trône maintenant sur ma table de nuit. Et je pense que, inconsciemment, cela marque pour moi mon passage vers une nouvelle étape. Car, dorénavant, je veux embrasser la vie.*»

Il arrive un moment où nous sentons que notre longue période de ténèbres tire à sa fin. Elle va bientôt faire partie de notre passé car nous sommes maintenant prêts à aller de l'avant. Mais nous hésitons encore un peu...

Alors, il est possible de souligner la fin de cette période de souffrance. De faire un geste intime, personnel et signifiant qui indiquerait notre passage à une autre étape et qui symboliserait notre retour à la légèreté. Ce geste ne signifie pas que nous oublions l'être disparu, mais plutôt que nous acceptons sa mort, que nous avons fait nôtre ce que nous aimions de lui et que nous nous tournons maintenant vers la vie.

Notre perte est permanente. Mais pas notre souffrance.

Célébrons la fin de notre souffrance. Célébrons la vie!

Table des matières

Achevé d'imprimer au Canada
sur les presses de Imprimerie Lebonfon Inc.